博雅文叢

漢化佛教與佛寺

白化文 著

出版説明

「博雅教育」，英文稱為 General Education，又譯作「通識教育」。

甚麼是「通識教育」呢？依「維基百科」的「通識教育」條目所說：「其一是通才教育；其二是指全人格教育。通識教育作為近代開始普及的一門學科，其概念可上溯至先秦時代的六藝教育思想，在西方則可追溯到古希臘時期的博雅教育意念。」歐美國家的大學早就開設此門學科。

在兩岸三地，「通識教育」則是一門較新的學科，涉及的又是跨學科的知識。概而言之，乃是有關人文、社科，甚至理工科、新媒體、人工智能等未來科學的多方面的古今中外的舊常識、新知識的普及化介紹，等等。因而，學界歷來對其「定義」抱有各種歧見。依台灣學者江宜樺教授在「通識教育系列座談（一）會議記錄」（二零零三年二月）所指陳，暫時可歸納為以下幾種：

一、通識就是如（美國）哥倫比亞大學、哈佛大學所認定的 Liberal Arts。

二、如芝加哥大學認為：通識應該全部讀經典。

三、要求學生不只接觸 Liberal Arts，也要人文社會科學學生接觸一些理工、自然科學學科；理工、自然科學學生接觸一些人文社會學，這是目前最普遍的作法。

四、認為通識教育是全人教育、終身學習。

五、傾向生活性、實用性、娛樂性課程。好比寶石鑑定、插花、茶道。

六、以講座方式進行通識課程。（從略）

近十年來，香港的大專院校開設「通識教育」學科，列為大學教育體系中必要的一環，因應於此，香港的高中教育課程已納入「通識教育」。自二零一二年開始的第一屆香港中學文憑考試，通識教育科被列入四大必修科目之一，考生入讀大學必須至少考取最低門檻的「第二級」的成績。在可預見的將來，在高中教育課程中，通識教育的份量將會越來越重。

在互聯網技術蓬勃發展的大數據時代，搜索功能的巨大擴展使得手機、網絡閱讀、搜索成為最常使用的獲取知識的手段，但網上資訊氾濫，良莠不分，所提供的內容知識未經嚴格編審，有許多望文生義、張冠李戴及不嚴謹的錯誤資料，謬種流傳，誤人子弟，造成一種偽知識的「快餐式」文化。這種情況令人擔心。面對着人工智能技術的迅猛發展所導致的對傳統優秀文化內容傳教之退化，如何能繼續將中國文化的人文精神薪火傳承？培育讀書習慣不啻是最好的一種文化訓練。

有感於此，我們認為應該及時為香港教育的這一未來發展趨勢做一套有益於中、大學生的「通識教育」叢書，針對學生或自學者知識過於狹窄、為應試而學習的不良傾向去編選一套「博雅文叢」。錢穆先生曾主張：要讀經典。他在一次演講中還指出：「此時的讀書，是各人自願的，不必硬求記得，也不為應考試，亦不是為着做學問專家或是寫博士論文，這是極輕鬆自由的，正如孔子所言：『默而識之』便得。」我們希望這套叢書能藉此向香港的莘莘學子們提倡深度閱讀，擴大文史知識，博學強聞，以春風化雨、潤物無聲的形式為求學青年培育人文知識的養份。

本編委會從上述六個有關通識教育的範疇中，以第一條作為選擇的方向，以第二條的芝加哥大學認定的「通識應該全部讀經典」作為本文叢的推廣形式，換言之，就是為初中、高中及大專院校的學生而選取的，讀者層面也兼顧自學青年及想繼續進修的社會人士，向他們推薦人文學科的經典之作，以便高中生未雨綢繆，入讀大學後可順利與通識教育科目接軌。

這套文叢將邀請在香港教學第一線的老師、相關專家及學者，組成編輯委員會，分類包括中外古今的文學、藝術等人文學科，而且邀請了一批受過學術訓練的中、大學老師為每本書撰寫「導讀」及做一些補註。雖作為學生的課餘閱讀之作，但期冀能以此薰陶、培育、提高學生的人文素養，全面發展，同時，也可作為成年人終身學習、補充新舊知識的有益讀物。

本叢書多是一代大家的經典著作，在還屬於手抄的著述年代裏，每個字都是經過作者精琢細磨之後所揀選的。為尊重作者寫作習慣和遣詞風格、尊重語言文字自身發展流變的規律，給讀者們提供一種可靠的版本，本叢書對於已經經典化的作品不進行現代漢語的規範化處理，提請讀者特別注意。

「博雅文叢」編輯委員會

二零一九年四月修訂

目錄

導讀

漢化之自覺

昔年，偶爾拿起一部佛教建築制度的書翻翻，隨手放在桌子上，父親看見了，便問：「怎麼看起這些出家的書來了？我們是儒家的……」我們究竟是否可以屬於儒家，且不去追究，我只知道父親幼年讀書時，讀的大抵是些大中論孟、古文唐詩之類應該可以算做儒家的書，但這種自覺的對立意識，卻令我頗感訝然。儒家是中國土生的思想甚至宗教，然而佛教來華也已近二千年，中國人對佛教早已並不見外。我們當然都知道佛教來自印度，但那是在記憶中的存在，觀世音菩薩已塑成女身，倘還在供養着一尊蓄小鬍子的觀音像，恐怕漢地的十方善信就要認不得自己最貼心的親人，沒有一個會答應的。

白化文先生這本《漢化佛教與佛寺》，突出佛教這個南亞次大陸宗教的「漢化」。初讀之時，只覺這樣未免有點標奇立異，此書所寫的也不外是我們通常所稱的漢傳佛教；佛教東來，在漢地開出纍纍碩果，再而傳至朝鮮半島、日本、越南北部等地，與藏傳和南傳佛教各放異彩。但那是從佛教本身而言，從漢地接受外來文化的角度來說，恐怕又可以說出另一個故事。本書標榜「漢化」，故此往下讀去，便漸見作者的文化自覺，佛教的諸多元素如何在漢地受到「改造」，移民落籍，與我們成為一家親。

這種文化自覺古已有之，韓愈就是很著名的一個人物，而且立場似乎也特別激烈。佛教自南北朝以降，已廣為傳播，唐朝崇道，但佛教也大盛。唐憲宗迎佛骨入宮供奉三日，韓愈看不過眼，上表進諫，其中便說：「夫佛本夷狄之人，與中國言語不通，衣服殊制，口不言先王之法，身不服先王之法服，不知君臣之義，父子之情。」一大有捍衛儒家道統的氣概，然而他的挺身衛道，卻讓他幾乎喪命。只是他死後不久，武宗滅佛法，拆佛寺，收田地，令僧尼還俗。

不過，佛教繼續大行其道，而且深入民間，並且透過士大夫，影響到各個文化藝術領域。蘇東坡居士是宋代具有湛深佛學素養的知識分子。白化文先生在本書第八章〈中國的羅漢〉中，考察了羅漢數目由十六到十八的變化。慶友尊者所述、玄奘法師所譯的《法住記》是十六羅漢現存最早的漢譯佛經典據，至於十八羅漢，他說：

今所知對五代時所畫十八羅漢像的最早的形象化記錄見於蘇軾所作〈十八大阿羅漢頌〉一文……蘇氏未寫出十八羅漢名號——但他在後來所寫的〈自海南歸過清遠峽寶林寺敬贊禪月所畫十八大阿羅漢〉一文中給明確補出了。蘇氏文中前十六羅漢名號均取自《法住記》。第十七位，蘇氏稱為「慶友尊者」；第十八位，稱為「賓頭盧尊者」，顯然是第一位羅漢的重出。蘇東坡是深明佛學的人，怎會犯這樣的錯誤呢？可能是照抄當時流行的說法。這恐也由於中國古代夷夏觀念較強，不願意把本國的玄奘法師和那十七位出身、年代、國籍都不同的外來户摻和在一起。

本書以「漢化」為視角，以佛寺體制為中心，不及於南傳、藏傳佛教以至佛教整體的內涵和外延，故僅在第一、二章稍涉一點佛教歷史和傳說，以及佛學思想，便隨即由佛像、殿宇、品位、典籍、建築，以至戒律和修行，展開漢化佛教的諸般面相。我們彷彿隨作者進入了佛寺參訪，一一了解其中的制度和義理，揭開我們以為本來如此背後的種種關係。

一般而言，入廟便即拜神，參觀也許便只為遊賞，對於寺院裏的安排和許多來龍去脈，一知半解，也無暇細心斟酌。作者的做法，是偕同讀者巡行寺院的規制，檢視這尊造像、那幢建築，述說它們的前世今生，讓我們看見豎立在我們面前的形相和樣式所蘊藏的歷史變化，而這些變化當然就是這個南亞次大陸（作者總是在使用這個詞語來指印度，以提示佛教的本土性格）宗教被漢民族吸收的過程。例如，「寺」在漢地原是政府部門的名稱，中國最早的寺院白馬寺就是用以招待外國僧侶的國賓館之類的設施，後來中國的寺院不像西方的教堂那樣，走專門性建築的方向，而是走上以民宅改造為寺院的道路，住戶遷出，和尚遷入，《洛陽伽藍記》裏就有許多王公「捨宅為寺」的例子。

作者的書寫有時不免讓人感到一點調侃的意味，尤其對於信仰者，可能會引起一種不安之感，也未可知，但在作者充實有力的考辨、酣暢淋漓的敘述之下，這已變得次要，何況，讀者大可將之視作一種文化自信的表現。本書第九章敘述佛教諸天即眾神漢化的過程，這些神明在漢化佛寺裏已是中國人的面貌，身穿漢家衣冠，一般為二十至二十四位。作者逐一追溯他們在印度老家的本源，跟蹤他們到漢地以後的改容易裝。第二十位的閻摩羅王本是兄妹雙王，管理地獄，中國的閻羅王即源於此。中國人把閻王和地獄都拿來與自己的神鬼傳說相結合，再融入「六道輪迴」，於是而有了奈何橋、黃婆湯、望鄉台、牛頭馬面，神道設教，導愚昧的老百姓入迷信。而閻王像徹底漢化，一般作虬髯濃眉大眼王者狀；女王則早已不知所終。

二十諸天之中，第三、四、五、六位四個天王，就是我們常在佛寺門口看見的風調雨順四大天王。作者在第四章中，對北方多聞天王的敍述，相當精彩。多聞天王音譯毗沙門，別名施財天，是位受歡迎的財神。在中國早期佛教中，他的信徒較之其他三天王為多；唐玄宗時，他因擊退番兵而獲立像旌表，致香火鼎盛，比其他三王更見顯赫。毗沙門左手持塔，右手執戟，有五位太子，三太子叫「那吒」。唐宋以後，四大天王地位趨於平等，而且從毗沙門身上逐漸分化出一位托塔天王李靖來。李有三子，以「哪吒」最有名；「那吒」變成了「哪吒」，與毗沙門再沒關係。毗沙門把寶塔、戟以及家眷都歸了李靖後，便索性入了佛門，打起幡來，職「雨」。而哪吒呢？經過《封神演義》和《西遊記》的改造，在民間的知名度也就遠遠高於四大天王了。

漢族並非按血緣來界定的民族，而是按文化來界定的。漢文化是個大熔爐，能把外來文化都吸收進去，終於成為自己的一部份，而且超越本源。誠如作者所言：

> 漢族潛移默化消化改造外來事物的能力，實在巨大。同時也證明了，外來事物，只有扎根分蘖，土生土長，適應當地氣候，才會煥發出新的生命。

作者曾經表示，本書的部份篇章是對着《文史知識》的口徑寫的，力求深入淺出。原來，這書有這樣的淵源。提起《文史知識》，又勾起了我少年時候的回憶，從這個期刊我曾獲益良多。《文史知識》是一個三十二開本的小型刊物，刊名已不夠堂皇，加之當時簡單的裝幀設計，和質量極普通的紙張，直教有小冊子之感，然而短小精悍的文章卻是內容扎實，有專業學術水平，不是浮淺粗糙權當充數之作。猶記得當年讀到兩篇一問一答解讀《前赤壁賦》人生有限宇宙無窮的題旨，探討蘇軾是否偷換了概念的文章，印象至今不忘。選材是「淺出」的，然而思考卻是「深入」的。現在，看見作者提到本書與這個期刊的關係，想不到數十年後，又與這個刊物重續前緣，或許，這個緣還沒有盡吧。這裏聊補一筆，以資紀念。

曾憲冠

曾憲冠，香港中文大學中國語言及文學系學士、英國約克大學社會學碩士、英國倫敦大學學院俄國研究碩士；文字工作者，從事編輯、翻譯、撰述工作多年，現職文書。著作：《歡迎翻印 以廣流傳》、《吟到梅花句亦香》；編輯：《香港讀本系列》、《一九八九年春夏之父我們在北京》；翻譯：《香港優勢》、《明清社會和禮儀》。

一、佛光的折射

一種宗教，從形成到發展，需要具備以下條件：

1、一定的教義，常以經典形式記載並傳播。

2、具體的崇拜（禮拜）對象，即「神」。此種對象常以具體形象顯示。

3、用適當方式（常為有層次的多種方式）組織起來的相當數量的信徒。

4、獨有的活動場所、根據地。

宗教消亡後，信徒消逝，上舉1、2、4等三項依然可以流傳，作為歷史資料與文物而存在。

與基督教、伊斯蘭教並稱為世界三大宗教的佛教，是公元前五六世紀時，釋迦牟尼在南亞次大陸創立的。佛教的基本教義是：把現實世界認為是「無常」的，即迅速變化的和虛幻的；而現實人生則是「苦」的。「苦」的基本原因既不能怨天——不是神的安排；又不要尤人——不在社會環境。而是由於個人自己造出的「惑」

「業」所致。「惑」指貪、嗔、癡等煩惱——自尋的煩惱；「業」指身、口、意等活動及其造成的結果。根據個人善惡行為，今生之因在未來成果，如此「輪迴報應」，生死循環變化不已。要擺脫「苦」，就要皈依佛法，按佛教教義修持，徹底改變自己的人生觀、認識觀，完全克制自己的世俗慾望，最後超出生死輪迴，達到最高境界「涅槃」（也可說是「解脫」）。

佛教作為世界三大宗教之一，它完全具備宗教形成與發展的四項條件：

1、它的教義，富於哲理性、學術性，吸收其他教派教義和古代神話、傳說、故事不少，傳承發展中派系繁多；而且經典繁富，結集成「三藏」，即「大藏經」。

2、它是逐漸形成的一種多神教系統，有「佛」、「菩薩」、「羅漢」、「諸天」、「鬼神」等一系列龐大複雜的崇拜對象，並以圖像顯示。因圖像繁多並成為信徒主要膜拜對象，又被人稱為「像教」。

3、有用多層次的清規戒律嚴密組織起來的信徒「七眾」。即，出家五眾：比丘，比丘尼，式叉摩那，沙彌，沙彌尼。在家二眾：優婆塞，優婆夷。對各種信徒的要求寬嚴不同，接受的戒律不一。但加入組織時必須嚴格履行手續，即「受戒」。

4、以佛寺為主要根據地。

佛教在發展中，由於對教義和戒律的認識產生分歧，產生了許多教派。大致地說，較原始的佛教教派，被稱為小乘佛教，以自利修羅漢果為最終目的；一世紀左右興起的大乘佛教，則以利他修菩薩行成佛為最終目的。小乘只承認釋迦牟尼一人是佛，大乘則認為大千世界有無數佛。七世紀以後，大乘佛教中一部份派別與婆羅門教混合，形成密教。小乘、大乘、密教，這就是南亞次大陸佛教流行中形成的三大派系。

佛教在許多國家與地區又形成各具民族特色的教派。一般地說，在中國漢族地區形成，傳入日本、朝鮮半島等處的，稱為北傳佛教，又稱漢化佛教。以大乘為主，其經典屬漢文系統。在中國蒙藏地區形成的，稱為藏傳佛教，又名喇嘛教，是佛教（包含大量密教成份）和當地宗教「本教」的混合。其經典以藏文為主。傳入今斯里蘭卡、緬甸、泰國、柬埔寨、老撾和中國西南地區的，稱為南傳佛教。以小乘為主，其經典主要屬巴利文系統。

佛教傳入中土，大約通過三個途徑。一個途徑是通過中亞西域，經絲綢之路傳入中原。這是一條最主要的道路，東來傳法和西行求法的高僧常走的就是這一條路，因此在以往的佛教史研究中，被認為是唯一的道路，那當然是不準確的。另一個途徑是通過西南方邊遠地區傳入。關於這條路，一直到二十世紀七十年代後期才有若干研究成果發表。學者們在研究了佛教在古代四川地區活動的情況和出土的漢代佛教遺物以後，對於佛教從川滇路線和古身毒道及青衣道等處傳入，已有比較明確的認識。以上兩條都是陸路。再一條是海路，從廣州直到揚州和現在江蘇、山東一帶沿海地區，隨着航海客商的往來傳入。這是一條登陸口岸較多的海路，過去研究的也比較少。後來，江蘇省連雲港市孔望山早期佛教造像被重新發現，才引起學術界的極大興趣，它提示人們注意佛教早期從海路傳來的可能性。

孔望山，相傳因孔子在此登臨望海，故名。料不到又與佛有緣，成為佛法東來的港口。

佛教大約在東漢時期已在中原和江南一帶流行了。漢代的人很重視神仙方術，佛教初傳，大約也被看做某種神仙方術。為了爭取在中國扎根傳播，佛教徒開始用漢文翻譯佛典，並且盡可能地把它和中國傳統的倫理和宗教觀念相結合。可以說，佛教從傳入中國開始，就朝着漢化的方向前進了。

南北朝時期，佛教的般若學一派同清談玄學相結合，受到門閥世族中高級知識分子的歡迎。在南北朝的中晚期，許多朝代的統治者都利用佛教來作為鞏固統治的工具，強調佛教「逆來順受」、「追求來世」等思想，以麻醉百姓。例如，南朝的梁武帝把佛教當做「坐致太平」的手段，大力扶持寺院的發展，多次親自到寺院捨身。北朝則在開鑿石窟、修建寺院等方面花費了大量的人力、財力。這一階段佛經的翻譯，從西晉竺法護以來得到很大發展，經過後秦的鳩摩羅什，已經達到一個新的水平，它的標誌是：所進行的是認真的、句對句的、追求「信」

梁武帝奉釋宗為「坐致太平」的法寶，卻原來是身亡國破的禍由。

和「達」的翻譯，也就是注意翻譯的學術性和真實性，而不像早期翻譯那樣採用概述大義的方法。到了南朝陳代的真諦，大小乘的佛經已經基本翻譯得差不多了，這是佛經翻譯的第一個高潮時期。在此期間名僧輩出，道安、慧遠、僧肇、道生等人都是佛教徒中的學者，他們在發展中國佛教本身的理論方面作出了貢獻。隨着佛教理論的學術化和漢化，僧人間對理論的解釋不一致，於是產生了漢化佛教中若干宗派的雛形。由於佛教的壯大和信徒的增多，統治者和高級知識分子對佛教更加重視，逐漸導致了儒、釋、道三家爭奪思想陣地的長時間大辯論。這三者又在長期的爭論、鬥爭中互相滲透，使佛教接受了更多的漢族本來的思想，更加漢化。

隋唐時期，最高統治集團採取三教並用的方針，佛教進入鼎盛時期，寺院經濟得到高度發展，譯經的規模和水平空前絕後。特點之一是，出現了許多西行求法的高僧，如玄奘、義淨等人。他們歸國後，以兼通梵漢兩種文字的身份主持譯場，改變了過去依靠西域高僧為譯主的局面。他們既知彼，又知己，學術水平甚高，是漢族本民族的優秀翻譯家。因此譯文的質量自然超出前代，當時稱為「新譯」。另一個特點是由國家組織龐大的譯場，提供優厚的工作條件，在此基礎上編訂出國定本的大藏經。這個時期，佛教的理論由依附漢文的譯經，演變為獨立的解釋和演繹，因而建立起多種獨立的體系，而適應中國情況的禮儀法規也基本完成，於是便形成天台宗、律宗、淨土宗、禪宗、密宗等漢化佛教中的大小宗派，並傳到朝鮮半島、日本和越南。至今日本和韓國的各宗派佛教徒，仍把本宗派的中國創始寺院稱為祖庭，參拜不絕。

從隋唐到宋代，佛教一方面向着世俗化進展，更加深入民間，四大著名菩薩鞏固了五台、峨眉、普陀、九華四大名山道場，就是佛教信仰普及化、世俗化和進一步漢化的明顯標誌。另一方面，經過漢化的佛教思想也明顯地在知識分子的頭腦中佔有相當大的比重，並主要通過知識分子影響到哲學、道德、文學、藝術等各個領域。

宋代以後，一些主要的佛教宗派的基本觀點與儒家互相交融，本身也更加漢化。寺院和寺院中的塑像、畫像也逐步形成定制，漢化佛教至此基本成熟和定型化，已經把原始佛教的一切改變得面目全非。如果釋迦牟尼復活，到中國來旅遊，必然莫名驚詫，不認識這是自己創立的那個宗教了。

總之，漢化佛教是漢化很深的佛教，它經過近兩千年與中國傳統文化衝突與融合的長期過程，滲入全社會各個角落，形成自己的獨特系統，有自己的特點。這些特點有機地融合在漢化佛寺的建築、造型藝術、圖籍、儀禮軌制等具體的事物與行事之中。

二、釋尊的生涯

（一）

釋迦牟尼是佛教的創始人。釋迦，種族名，意譯是「能」；牟尼，也譯成「文」，是一種尊稱，含有「仁、儒（文）、寂默、忍」等義。意譯也可合成「能仁」等，意即「釋迦族的聖人」。這是佛教徒對他的尊稱，也常簡稱為「釋尊」。本書中此後常用這種尊稱和簡稱來稱呼他。他本姓「喬答摩」，意為「最好的牛」。這似乎是帶有原始性的圖騰意味的一種族姓；名「悉達多」，意為「達到了目的的人」。

關於釋尊的生平，並沒有可靠的歷史資料，只能主要根據佛經中的記載加以敍述。佛經中記載有關釋尊的傳說極多，大致可分為本生故事和佛傳兩類。本生故事講的是釋尊前世曾多次在「輪迴」中轉生為人或動物，並在那些時候積善修行，做了一系列好事。這當然都是宗教傳說。但這些故事本身，絕大部份都是寓言、童話

法輪初轉，釋尊開始傳道的生涯。

等等小故事，是古代南亞次大陸人民的民間文學創作。當地各教派都利用這些故事，略加改造，用來宣傳教義。佛教利用這一方式，恐怕還是跟婆羅門教學來的一手。這些故事常繪成本生圖畫。漢化寺院中每每繪成連環畫形式，作為背景式壁畫在殿堂中列出。釋尊從降生為悉達多一直到以佛身入涅槃的一生事跡則稱為佛傳，其中有不少神話，不少傳說，當然也有不少經過曲折投影的歷史事實。佛傳的核心是「八相成道」的故事，也常繪成佛傳連環畫。以下按佛傳順序大致敘述。對於其中史實與神話的化合成份，請讀者自己細加分析。

先說釋尊的生卒年代。佛教採用佛曆紀元，算法是從釋尊涅槃離開人世之年算起，與公元以耶穌基督生年為紀元元年者不同。可是，世紀也是以一百年為計算單位。頭一個百年（由佛逝世涅槃那一年起算）為「百年」，全稱「佛滅百年」。如說「佛滅七百年」就是在七百年這一百年的範圍內，並非實指整數，萬勿誤會。

可是佛滅的年代，其說不一，約有六十來種說法。應該說，要像戶口登記那樣確切地知道釋尊的生卒年月日，那是不可能的了。只能說，他大約生活在紀元前六世紀至五世紀之間，與中國的孔子大致同時。佛教界通用的幾種代表性紀年如下（均按釋尊活了八十歲計算）：

1、公元前五四四年說。這是南傳佛教的習用說法，今斯里蘭卡、緬甸、泰國、柬埔寨、老撾等南傳佛教系統遵行之。據此，佛生於公元前六二三年。公元二零零二年是佛曆二五四六年。世界佛教徒聯誼會（簡稱「世佛聯」，本書以後用此簡稱）用此紀年，故中國佛教協會亦遵用之。

2、中國藏傳佛教，特別是蒙藏地區的喇嘛教黃教，習用的是公元前九六一年說。二十世紀五十年代以前西藏政府尚用為頒曆之準據。據此計算，公元二零零二年為佛曆二九六三年。

3、點記說。南亞次大陸早期的佛教創有一個制度，在雨季時「安居」，即僧人集結於固定地方三個月左右，避雨不外出，以免傷害蟲蟻，同時誦經學戒，結束時在戒本上點一點為記。據《善見律毘婆沙》所載，佛滅的第一年開始點記，每年一點，到南齊永明七年即公元四八九年，共得九百七十五點。據此算出，佛滅應在公元前四八六年，即生於公元前五六五年。中國支那內學院的學者於一九二三年首倡應從此說。現代日本、印度等國佛教學者和歷史學家亦多從此說。筆者也認為，此種說法有明確經典「依據」，且與多項旁證印合，在多種可能性的假說中以它為最可取。說釋尊生於公元前六世紀中葉，逝於公元前五世紀，享年八十歲左右，大致是不會差的。

釋尊生於南亞次大陸北部的迦毗羅衛國（意譯「妙德城」），這是一個小國，地跨今印度與尼泊爾之間。當時，南亞次大陸北部有十六個以一個大城市為核心的早期奴隸制社會制度的「大國」，其中強大的有恆河南岸的摩揭陀國，西北邊的憍薩羅國，東北邊的跋耆國。此外還有四個小「共和」國，就是說，這些小國還比較落後，沒有像強盛的大國那樣建立起奴隸社會的君主制，而是保留着原始公社崩潰後殘餘的一些大酋長合議的制度。迦毗羅衛就是這樣一個國家，當時處於半獨立狀態，承認憍薩羅為宗主國。

當時，在這些大小國家中，已經建立起四大種姓制度。這種制度，把人們嚴格區分成職業世襲的四級社會等級集團，從高到低排列如下：

婆羅門：僧侶貴族，以祭婆羅門教天神、誦《吠陀》經典、傳婆羅門教為職事，解釋並維護法律與傳統，享種種特權，是國家精神生活上的統治者。

剎帝利：官員與武士貴族，握政治軍事實權，是國家的世俗統治者。

吠舍：社會生產者，包括農民、手工業者、商人等。

首陀羅：低級勞動者，多為被征服的原土著居民後裔，無任何權利。

此外，還有更低級的、被排斥在四級種姓之外的「賤民」。那是後來逐步形成的最底層被壓迫階層。

釋尊屬剎帝利種姓。他的父親是迦毗羅衛國的淨飯王，淨飯王的弟弟名叫斛飯王，大約這二位都是迦毗羅衛這個「共和」國合議制「議會」中世襲的大酋長，不能以中國傳統概念「國王」視之。但他們在國內有錢有勢，能發號施令，那是自然的。這哥倆娶了鄰國天臂國善覺長者的四個女兒，每人兩個。淨飯王娶的是大姐「摩耶夫人」（全音譯是「摩訶摩耶」，意譯「大幻化」），還有四妹「摩訶波闍波提」（意譯「大生主」、「大愛道」，常簡稱為「波闍波提」或「大愛」，本書中以後用前一種簡稱）。這夫婦三人就是釋尊的父、母和姨母。

（二）

前面說過，釋尊的一生，按佛傳可分八個階段，即「八相成道」。其中神話成份極濃，但也曲折地表露出釋尊一生的概貌。現在大致按此次序，把神話和歷史糅在一起，簡介一番。

第一相是「下天」。且說，釋尊在經歷了本生故事中敍述的輪迴轉生「無量數劫」（實只五六百個故事，每一故事述一次轉生）以後，便在兜率天（本書下有詳述）內院與原婆羅門教的眾天神開會計議，議決最後一次轉生要以摩耶夫人為母，然後乘白象從此院出發，由兜率天降下人間。

第二相是「入胎」。即乘白象（早期傳說是化為白象）從摩耶夫人右脅入胎。當時夫人正在夢中，夢見此事。

第三相是「住胎」。這是大乘佛教「八相」中的第三相，小乘「八相」中無之。講的是釋尊在母胎中行住坐臥一如在天上一般，並在一日六時——即每天的晨朝、日中、日沒為晝三時，初夜、中夜、後夜為夜三時，合為一日六時——為諸天說法。

第四相是「出胎」，即誕生。且說，摩耶夫人在分娩前，遵照當時的風習，離

投胎

開夫家到娘家去。波闍波提等人陪同前往。走到善覺王為夫人藍毗尼（意譯「鹽」、「可愛」。按佛傳的矛盾記述，此位善覺王似是老王之子，即善覺長者之子。那麼，藍毗尼應是摩耶夫人的嫂子）蓋的藍毗尼花園，在水池裏洗了澡，就感到要「生」了。按漢化佛教的創造性佛傳文學作品《太子成道經》等描述，由波闍波提給摩耶夫人「抱

降生

腰」，即當收生婆。釋尊仍從右脅降生。降生後即走了七步，步步生蓮花（中國人給發展為東西南北各行七步）。然後一手指天，一手指地，說道：「天上地下，惟我獨尊！」這時，有兩條龍，一吐溫水，一吐涼水，如冷熱兩個水龍頭一般，給這位尚未成佛的新生的悉達多太子洗澡。後來中國人給發展成九龍吐香水，水管子也太多了。

太子誕生的這一天，漢化佛教定在農曆四月初八。藏傳佛教定為四月十五日。受南傳佛教影響的傣族佛教則定為清明節後十天，發展成民族節日「潑水節」。漢化佛教則把佛誕定為「浴佛節」，專為此製作了一種「誕生佛像」，作兒童狀，右手指天，左手指地（也有左指天右指地的），立於傳為接生時專用的「金盤」之上。上身赤裸，下身圍着裙子或穿小褲衩。非漢化佛教有全身赤裸的像。誕生佛像一般是金屬（銅質為主）或玉石像，連盤子雕鑄在一起，不怕水澆。在浴佛節這一天，舉行隆重儀式，請出此像，由大和尚用香水為它灌頂，以模仿九龍吐香水，然後抬佛遊行。在漢化寺院中，此像只在浴佛節時請出，平時供奉於方丈或佛閣內隱蔽處。

南亞次大陸北部有佛教八大勝地。按佛傳順序排列，藍毗尼花園是第一個，其地在今尼泊爾

傣族潑水節，其實是佛誕節的
南傳佛教民俗化版本。

千年前早已沒落的藍毗尼，今天又恢復了花園的景觀。

藍毗尼花園中的阿育王石柱及摩耶夫人祠

南部梯羅拉柯提。公元前二五零年左右，印度孔雀王朝阿育王（意譯「無憂王」）曾來此處瞻仰，並豎石柱留念。公元四零五年和公元六三五年，中國東晉高僧法顯和唐代高僧玄奘先後到此瞻禮，並留下明確記錄，後毀廢。十九世紀末，英國人據中國此二高僧記錄重新發現並證實。現在遺址已經尼泊爾政府整理得又像花園一般。重要遺蹟有兩座由遺址出土磚石新建成的現代佛塔，一座古寺遺址，一個佛母浴池（小水塘），一塊雕有摩耶夫人手攀無憂樹枝而生悉達多太子的佛誕石刻。一根高四米多的阿育王石柱是最有名的，上有刻文，略謂：「在位二十年後，親來朝拜釋迦牟尼佛誕生之地。並建立一根石柱，表示佛陀在此降生。」

佛母摩耶夫人於悉達多誕生七天後即逝世。我們推測，在當時的衛生條件下，又居野外，用池水洗澡，她一定得了產後風（產褥熱），這種病在那時是很難治好的。她享年四十五歲，悉達多是她唯一的兒子。據說她辭世後上升到兜率天內院[1]暫住，悉達多由姨母波闍波提撫養長大，關係如親母子一般。

悉達多從此在迦毗羅衛當「太子」，直到二十九歲（一說十九歲）。據說，他出生的時候，就有仙人預言，說他如果不出家，就會成為轉輪王。原來，南亞次大陸貴族間盛行用戰車打獵和作戰，逐漸將戰車神化，認為它無堅不摧，戰則能勝。

輪寶，即車輪，就成為戰車以至戰勝者之王的象徵。這種預言，曲折地反映了被保護國處於屈辱地位的統治者對接班人的期待。淨飯王為了培養悉達多，讓他受到了當時剎帝利青年所能受到的全部最好的教育，成為文武全才。

悉達多生於深宮之中，長於婦人之手，享用極為豪華奢侈。他十九歲（一說十七歲）時，與摩耶夫人娘家血統的「表妹」耶輸陀羅（意譯「持譽」）結婚。她是一位「公主」，異常美麗與賢惠，結婚時十六歲。他們生了一個兒子，名叫羅怙羅（又譯作「羅雲」，意譯「障月」，是月蝕時所生）。

悉達多要出遊散心，於是就產生了出遊東西南北四個城門的故事，中國稱為「遊四門」。據佛傳說，第一次出遊，看到一個老人，太子心煩意亂，打馬回宮；第二次見到一個病人；第三次見到一個死人；第四次遇見一位苦行僧。這四個人都由天神變化而成，是來點化他的。悉達多經過不斷的思想鬥爭，決定出家以追求最高的真理，求得徹底的大覺大悟。於是，在一天夜裏，叫自己的馬夫車匿（意譯「樂欲」）跟隨，騎着心愛的坐騎「駃騠白馬」，離宮出走。可是城門緊閉，出不去。於是四大天王各捧一隻馬蹄，太子連人帶馬跳出城牆。這就是「夜半逾城」，是為第五相「出家」。漢化佛教以農曆二月初八為佛出家日。

太子逾城圖。圖中的悉達多及眾神皆是漢裝打扮。

悉達多為甚麼出家，主觀上定有我們現在很難懸測的複雜原因。但他肯捨棄榮華富貴，衝破傳統的舊婆羅門教的藩籬，通過學習與思考去探求真理所在，卻是一項富有革命性的行動，值得肯定。客觀上，當時已有許多不滿甚至反對婆羅門教的人，以修行者的身份去探求真理。他們的存在與探索，也在指引着悉達多，讓他走類似的道路。

悉達多「出家」以後，捨棄世上榮華，原意大約是轉向它的反面，走修行者中「苦行」這條道路。這路在他以前已有許多人走過，現在還有許多人在走。淨飯王見勸他不回，就派本族中五個人隨他修行，他們是：

憍陳如（又叫「阿若憍陳如」）

跋提

跋波（又叫「十力迦葉」）

摩訶男拘利

阿說示（意譯「馬勝」）

他和這五位在一起，訪問過兩位著名的修行者，未達真諦。

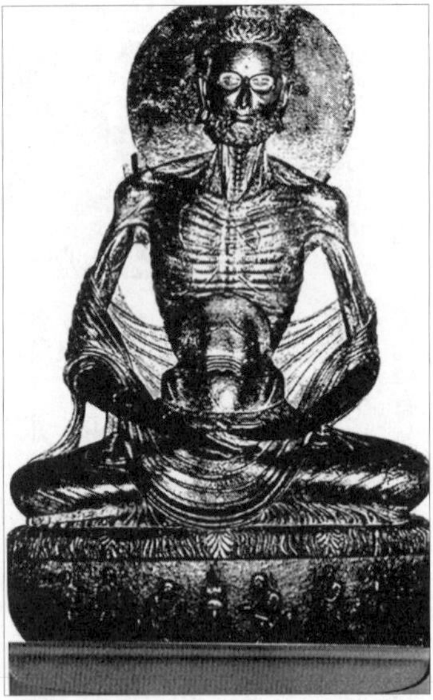

餓佛像

他苦行六年，「日食一麻或一麥」，餓得前心貼後心。今南傳和藏傳佛教中有所謂「餓佛像」，形容枯槁，肋骨畢現，就是表現他這時的景況的。漢化佛教以其有似骷髏，嚇人一跳，並且表現的是佛爺不得志時的狀態，為尊者諱，摒棄此種像不用。

悉達多終於理智地覺悟到：「如是等妙法，悉由飲食生。」（《佛所行贊》）不吃飯，妙法是尋求不到的。留得青山在，才能有柴燒。這一點，又是他比現在還存在的一些苦行者聰明之處。他下定決心重新生活。於是到行腳所至的尼連禪河（今名「法爾古河」）中洗浴。洗完後因為身體太虛弱，爬不上岸來，幸虧樹神垂下一株岸邊的樹上的長枝，他才揪住上了岸。一位好心的在岸邊草地放牧的牧女善生送他一碗乳糜喝，他才恢復了氣力。「食已諸根悅，堪受於菩提。」（《佛所行贊》）那五位和他一起苦修的夥伴一看如此，認為他背叛了原來的信念，相約不理他，另找地方苦修去了。

悉達多這時走到尼連禪河西岸一株畢鉢羅樹（無花果樹之一種，學名 Ficus Religiosa）之下，敷上刈草人送給他的吉祥草，開始打坐，進行思維，並發出誓言：如不成佛（獲得掌握最高真理的智慧），決不站起。據說在樹下坐了七天。其間有風雨之時，樹神為之用樹枝擋風避雨。這時魔王恐悉達多成佛後於己不利，便率魔女、魔軍將悉達多團團圍住，軟硬兼施，全都失敗。最後魔王惱羞成怒，對悉達多狂喊：「汝之福業誰當證明？」悉達多以右手觸地，表示：自己的一切言行，大地能夠證明。這時，大地發出六種震動，地神從地中湧出（他不能脫離大地，只能現出上半身），高唱：「我能證明！」於是魔眾驚散，悉達多得道成佛。

以上是為第六相「成道」。小乘佛教無「住胎」一相，而於「成道」前加「降魔」一相。我們要記住：悉達多從此成佛，以下便可正式以釋尊稱之。這可以說是一次質變式的飛躍。八大聖地中，迦毗羅衛排在第二，佛成道處排順序在第三，但其重要性在聖地中應屬第一。此地後來被稱為菩提伽耶（意為「證成正覺處」），在今印度東北部比哈爾邦加雅城南十一公里處。畢鉢羅樹被特稱為菩提樹（又稱「阿沛多羅樹」、「貝多樹」，意譯「覺樹」、「道樹」）。現存菩提樹據説是原樹的曾孫，枝繁葉茂，濃蔭蔽日。樹下有象徵草座的石刻金剛座。相傳佛成道起座後向北，東西行繞樹，稱為「觀樹經行」。當時一步一蓮花，計十八蓮花。今樹下以石刻蓮花作象徵。南傳佛教僧人常焚香散花繞樹作禮，蓋仿此也。菩提伽耶是佛教聖地中的聖地，唐代高僧玄奘到此參拜時，萬感歸心，悶絕於地，可見其對釋子感染力之強。此地尚有宋朝高僧懷問於宋仁宗明道二年（一零三三）為宋朝皇帝所建二塔，塔下刻宋真宗御制《聖教序》、皇太后《願文》、御制《三寶贊》等。菩提樹前有高五十二公尺[2]的大覺塔，四周有小塔百餘，均為祈願塔性質。附近有印度政府設立的菩提伽耶博物館，中存出土佛像甚多。

釋尊成道日，漢化佛教定為農曆十二月初八，即俗稱「臘八」而本名應為「成道節」、「成道會」的日子。中國佛教徒在這一天用各種米和果物等雜煮作粥供佛，象徵悉達多在河邊浴罷為恢復體力而食糜。以後，吃臘八粥逐漸演變成中國民間習俗。

釋尊成道後，自然想到傳道。傳給誰？他首先想到的是和他最熟悉的憍陳如等五位。於是動身去尋找，在鹿野苑找到了他們。關於此苑有一美麗神話：五百位仙人在此遇見美女，失去神通而墮落。故又名「仙人墮處」。當時屬波羅奈國，在今印度北方邦東南部瓦臘納西城（舊稱「貝拿勒斯」，一九五七年起改今名）西北約十公里處。

佛祖成道的菩提樹及後來建成的大覺塔

接下去就是「轉法輪」，是為第七相。這一相包括的時間最長，講的是佛成道後說法普度眾生的事。釋尊三十五歲成道，八十歲入滅，轉法輪的時間是四十五年，一般常算個整數，就說五十年。法輪是對佛法的一種比喻稱呼。轉法輪，有兩種意義：一是指佛說法能摧破眾生的一切煩惱邪惡，正如轉輪王轉動輪寶（即前面說過的對戰車及其威力的神化）摧毀山岩一般；另一則喻佛說法如車輪輾轉不停。

釋尊為憍陳如等五人說法，五人心悅誠服，表示「皈依」（義為「歸投依伏，如子歸父，如民依王，如怯依勇」）。從此佛教具足了佛、法、僧三寶，開始建立，這被稱為「初轉法輪」，從此「法輪常轉」。

佛（全譯「佛陀」）本義是「覺者」、「智者」，本指一般的覺者（覺悟了的有頭腦的人）。佛教給予它特指性含義，指佛教中取得最高成果者，其具體內涵將在本書中以下各節分述。釋尊是佛教的創立者，理論的創始人和精神領袖、祖師爺，當然是「佛」。小乘認為，只有釋尊才能稱「佛」。大乘認為「一切眾生，皆有佛性；有佛性者，皆得成佛」。所以宣稱三世十方到處有佛，其數如恆河沙數。漢化佛教採用大乘的說法。但釋尊當然是佛中之佛，至高無上的佛。

下面先說「僧」（全譯「僧伽」，意譯「和合眾」），即信奉佛教教義出家修行的僧團，需四人以上。初轉法輪時連佛帶憍陳如等五位（後稱「五比丘」）共六人，成立了第一個僧伽。

再說法，法指佛法，一般指佛所說的教法，包括各項教義、教規（清規戒律）

等，即佛教的理論和規章制度，而以理論為主體。

釋尊說法，當時口耳相傳，釋尊入滅後才有佛經來記錄。釋尊究竟在初轉法輪時說的是甚麼法，後來又說過甚麼法，已經很難窮究。

在本書的開頭，已經對佛教哲學作了簡單的介紹。下面，再簡略地把漢化佛教所傳的基本教義述說一番。至於佛教各宗派獨有的義理，限於篇幅，不贅述。

佛教認為「諸法由因緣而起」。因和緣，指形成事物、引起認識和造成後果的原因和條件，起主要直接作用的條件為因，起次要間接作用的條件為緣。緣起，就是說一切事物都處於這種因緣中，即因果聯繫中，依一定的條件起變化。後來的佛經中把這種因緣中有關生死根源的哲理思維部份加以系統化，傳下來「十二因緣」：

無明：愚癡，不知，即不明白事物並不像世俗人等所理解的那樣。

行：種種行為、行動，它們都是在有因果聯繫的不停的運動中形成的。推動這種形成的「力」（非人力而為神力）也包括在內。

識：認識（「認識論」的「認識」，即哲理性認識）。

名色：事物的專名與形體。

六入（六處）：感官與感官接觸的對象。

觸：感官與感官對象的接觸。

受：感官與頭腦的感受。

愛：一種渴望、追求。

取（爰執）：對於存在的執着。

有：存在，「無」和「空」的對立面。

生：存在於現實生活中，生存，生活。

老死：衰老和死亡（指入「輪迴」的死亡）。

佛經認為，這十二因緣從「無明」開始。具體地説，無明就是人們不認識佛所認識的「四諦」。

四諦是佛教的基本教義，指苦諦、集諦、滅諦、道諦。「諦」是「最終真理」之意。

苦諦，是對社會人生及客觀世界所作的哲理性價值判斷，認為其本來性質都是「苦」的。

集諦，指造成「苦」的原因，認為是在因果聯繫萬物運行中造成的，包括「業」

即人們身（行動）、口（說話）、意（思想）三方面活動善惡所造成的因果報應；也包括「惑」，即由於不懂佛教的法和不信奉佛等由愚癡而引起的無邊煩惱。

滅諦，指「苦」的消滅，這是佛教修行的最終目的。其最高理想境界是根絕一切「業」與「惑」，達到「解脫」即「涅槃」。

道諦，指達到「涅槃」的一切理論教法和修行方法，即「佛法」本身。理論教法，後來包括在佛經即「三藏」之中，有關情況，本書中在下面介紹。修行方法，按漢化佛教來說，主要是「戒、定、慧」三學。

戒學，即按佛教的戒律行事，防止身、口、意三不淨業。

定學，即學習禪定（坐禪入定），修持者以此法集中思想來觀悟佛理佛法，滅除情慾煩惱。

慧學，即開動腦筋領悟佛法並斷除煩惱，達到解脫。

如此，依三藏，修三學，徹底轉變修行者的世俗慾望和原來的錯誤認識，以達到超脫生死輪迴的境界，這就是佛教的最高目標：涅槃（意譯「滅度」、「入滅」、「圓寂」等）。涅槃後即成永生常樂之佛身。

以上就是佛教學說的大致內容。應該說明：

1、在所有的大宗教中，佛教學說極富於哲理性。

2、佛教認為「佛法廣大」，無所不包，容納了許多別的宗教的教義，採納並改造了許多神話傳說。在發展過程中，南傳、藏傳、漢化佛教三大體系又都或多或少地與當地傳統文化融合。漢化佛教和中國中原地區傳統文化的融匯尤為明顯。更應特別指出：漢化佛教在流傳中變化多端，又分裂成許多宗派，因此如長江大河，納百流而俱下。佛經中說法紛紜，互相矛盾，同室操戈處甚多。

3、早期佛教是對傳統的婆羅門教的反動。例如，主張「四種姓平等」，均能成佛；又不像婆羅門教那樣過份歧視女性，有保留有限制地接受女性入教團修行等，都顯出它在當時的進步之處。

以下，接着敍述釋尊初轉法輪後的傳法聖地與傳道生涯。

鹿野苑，按順序是佛教第四大聖地。中國高僧法顯、玄奘均去參拜過。一八三五年起，英國人據他們的記錄發掘整理。現存遺蹟有迎佛塔（高四十八米的磚塔）、説法台和建於一九三一年的紀念寺院。鹿野苑考古博物館創建於一九一零年，所藏該地出土文物十分豐富。入口處有現為印度國徽式樣所據的阿育王建面向四方的四獅頭石柱，還有公元五世紀石雕——著名的初轉法輪佛坐像。

弘法

釋尊初轉法輪後，住世説法四十五年。其行蹤不離南亞次大陸北部鹿野苑周圍數百公里地區。他的弟子愈來愈多，聽法要有地方，修行也要有地方；加之那個地區每年有三個月左右的雨季，在此期間必須找房屋暫住。於是釋尊在説法的同時，努力建立根據地。依靠有勢力的國王和有錢的大商人的幫助，釋尊建立了幾處學院式的永久性根據地，供平時說法、僧伽修行和「雨安居」（雨季時集中學習不外出）之用，這就是最早的寺院。但它們與後來的漢化寺院截然不同，並無佛像，也沒有經卷，倒像是一處集體學生宿舍外加講演廳。其中有代表性的，後來成為佛教第五、六、七等三個大聖地的有如下三處：

第一處是舍衛國的「祇樹給孤獨園」。

第二處是王舍城的「竹林精舍」及城東北的靈鷲山等。

第三處是那爛陀。

以下分述：

舍衛（意譯「豐德」、「好道」）是一個王國。此國本名憍薩羅，為區別於南部地區的另一同名國，故常以國都舍衛城名為國名。地在今印度西北部拉普地河南岸。該國國王波斯匿信奉釋尊。城裏有一位大富豪須達多，也是位大臣，常為孤寡貧賤者施食，故得號「給孤獨長者」。他要為釋尊與僧伽建一學院，相中了太子祇陀的花園。太子故意作難，說要黃金鋪滿園地才賣。須達多竟用黃金鋪滿園地，太子感動，說只賣地皮，樹木奉獻。於是此園以兩人的名字聯合命名為「祇樹給孤獨園」，簡稱「祇園精舍」。這是佛教的頭一個根據地、第一所寺院，在佛教發展史上意義重大。漢化寺院中伽藍殿供國王、太子與給孤獨長者以為永久性紀念，蓋以此也。

據說，釋尊在世時常在此處安居，不少於二十次（傳為二十五次）。後來時移世易，千年後公元七世紀玄奘到此，只見都城荒頹，伽藍圮壞。一八六六年起，英國和印度人按玄奘等人記錄發掘多次。此處算是第五大聖地。

摩揭陀國國都是王舍城，地在今印度比哈爾邦底賴雅附近。頻婆娑羅王建都於此。他是最早皈依三寶的國王之一。在王舍城中，由迦蘭陀長者獻出一個花園，頻婆娑羅王出工獻料，建了一處「竹林精舍」，是第二處大「寺院」，釋尊的第二大根據地，是為第六大聖地。玄奘來參拜時，城已廢，古蹟猶存。此城周圍有五座山，東北部有一靈鷲山，亦譯作「鷲峰」，音譯作「耆闍崛山」等。相傳釋尊亦曾在該山說法多年，與王舍城竹林精舍並列，為第六大聖地之另一部份。法顯於四世紀登此山時，見釋尊說法堂已毀，只存磚牆與地基。今有經過新修的頻婆娑羅王原修登山之路。

那爛陀傳說是釋尊曾說法之處，地在王舍城東。是佛教第七大聖地。但該地興盛實在佛入滅之後。那爛陀佛教「大學」建於五世紀，極盛時期有學僧萬名以上。高僧玄奘、義淨等均曾在此留學多年。十二世紀後被回教徒破壞。現存遺址巨大，有許多傾圮的堂塔僧房。其博物館中收藏佛教遺物以中古時代者為多。

釋尊住世時聽法弟子估計前後不過幾千人，經常隨侍者不過數百以至數十人。但他們親炙佛門，身聆我佛法語，具備「如是我聞」資格（後因第一次結集時由阿難誦出佛的教誨，四字常用為阿難誦經開始的習語。但如按一般的理解，佛親傳弟子均有此資格）。其中有許多成為「聲聞」。所謂「聲聞」，最早的意思指親自聽到過佛的言教，覺悟而得果位者。

聲聞中有十個人最有名，是釋尊親傳嫡系中的嫡系。他們的形象在漢化寺院中常出現，現列舉如下：

摩訶迦葉（又譯作「大迦葉」，簡稱「迦葉」），是摩揭陀國人，出身婆羅門。稱「頭陀第一」。漢化寺院中常塑於釋尊之側為近侍，作老僧狀，故俗稱「老迦葉」。

阿難陀（簡稱「阿難」，意譯「慶喜」），釋尊的叔父斛飯王的小兒子，稱「多聞第一」。常塑於釋尊之側為近侍，作青年僧人狀，俗稱「少阿難」。他的哥哥調達，初從釋尊，後自稱「大師」，分裂僧團。所以佛傳和本生傳中常以調達和他的「本生（前生）」做壞人的典型例證。

舍利弗，王舍城人，出身婆羅門。稱「智慧第一」。先於釋尊入滅。

大目犍連，就是後來中國戲曲中《目連救母》的那位目連。當然，中國人把他給漢化了，造出許多故事來。原型並非如此。他也是王舍城婆羅門。稱「神通第一」。後被反佛婆羅門打死，先於釋尊入滅。早期漢化佛教雕像中，也有把目連和舍利弗作為一組近侍，侍於佛側的。

須菩提（意譯「善吉」），舍衛城婆羅門，善說「諸法性空」，稱「解空第一」。

富樓那（意譯「滿慈子」），迦毗羅衛國國師之子，稱「說法第一」。

迦旃延，阿槃提國婆羅門，稱「議論第一」。

阿那律（意譯「如意」），也是釋尊的堂弟，釋尊的另一位叔父的兒子。傳說他得了「天眼」，能見六道眾生，稱「天眼第一」。

優波離（意譯「近執」），出身首陀羅，是釋尊為太子時宮中的理髮師。稱「持律第一」。傳說三藏中律藏部份由他誦出，故漢化寺院中戒壇前小山門殿必供他，稱「優波離殿」。

羅怙羅（意譯「障月」），釋尊唯一的親生兒子。傳說為悉達多逾城出走的月蝕之夜受胎，六年後出生。少年時即從釋尊出家，不毀禁戒，誦讀不懈，稱「密行第一」。

此外，釋尊的姨母波闍波提、釋尊原來的妃子耶輸陀羅也出家，成為尼眾成員。波闍波提是第一位尼僧。尼僧中著名的有「七相續尼」，即七位相繼出家有突出表現的著名尼僧（比丘尼），除波闍波提外，還有智慧第一的差摩尼，神通第一的蓮花色尼，持律第一的波吒遮羅尼，法語第一的法與尼，粗衣第一的機舍喬答彌尼，以及鹿母毘舍佉（她很富有，舍衛國東園鹿子母講堂是她奉獻的）。

以上僧尼，親得釋尊教誨，是「聲聞」。除迦葉和阿難外，其他人（特別是那八大弟子）常被畫在大雄寶殿佛座後板壁上，作為陪襯。涅槃臥佛像周圍更常見他們的影蹤，但難以明確究竟誰是誰，略存影像而已。

且說，釋尊年至八十歲，自知陽壽將盡，便最後從王舍城出發，作一次巡行。他在阿難的陪同下向西北走，走到離摩羅國首都拘尸那迦不遠的一個村莊波伐附近，在村外希拉尼亞瓦提河西岸的兩株娑羅樹下，頭朝北，右手支頤，左手放置身上，雙足併攏，取側臥姿勢，面向西，進入了大般涅槃（又譯作「大解脫」、「大圓寂」、「大入滅」等）。是為「雙林入滅」。

釋尊入滅前對阿難說了遺言，大意是：已成者皆滅。不可放逸，要勤修我法。吾滅後以法為師。

釋尊雙林涅槃

釋尊遺體被迎入摩羅國都城郊外寶冠寺，七天後大弟子迦葉趕到，主持火化儀式。火化後的遺骨稱為生身舍利（本意為屍體或身骨，特指高僧火化後餘骨。法身舍利則指經卷），分成八份，由與釋尊因緣深的八個國家各取一份，另有遲到的兩國代表，一個揀拾碎骨小塊，一個掃骨灰，共合十份，各起一塔供養，總計十塔。塔是 stūpa 的音譯簡稱，全譯「窣堵波」，意為「高顯處」或「高墳」，原是當地的一種紀念性墳墓的通稱。造型簡單一致：覆鉢形，上立長柱形標誌「刹」。

佛涅槃處是佛教第八處大聖跡，現為一個小村落，距離印度名城哥拉克浦爾五十五公里。現存古蹟包括臥佛寺中長達六米的臥佛像一尊，傳為釋尊火化處的安加拉塔一座，以及大涅槃塔等紀念性建築。涅槃是八相成道中第八相，佛傳至此結束。

漢化佛教以農曆二月十五日為佛涅槃日。

註釋

1 應為「忉利天」。——編者註

2 米的舊稱。——編者註

三、佛像與佛寺

（一）

從前面所述釋迦牟尼臨終遺囑中透露出，他大約只認為自己是「先知先覺」、「覺者」那種意義的「佛」，而不是神化了的「佛」。他雖組織起僧伽，自為導師，但若剝去佛傳中那些神秘外衣，便會產生他不過是精神領袖的印象。贊助者捐獻幾處地皮、房產，也不過是捐資興學，蓋幾間宿舍與教室，遠非近現代佛寺。釋尊口傳教義，並無經典。釋尊在世時，禁止信徒為自己造像，有關當時造旃檀佛像的傳說是後起的。他似乎是一位堅信並大事宣傳自己的人生哲理的哲人智者，為了取得信徒的信仰，他需要絕對權威體現在自己身上。可他又像是在反對個人崇拜，禁止造像拜像。這是一個難以解決的矛盾。

釋尊逝世後一兩百年間，佛弟子遵守不造像的規矩，但已逐漸將釋尊由「覺者」

意義的佛逐漸神化昇華而為神聖意義的佛。他們開始禮拜釋尊的象徵物。其中包括：

分藏佛舍利的塔和塔中的舍利；

佛成道時居於其下的菩提樹；

佛在菩提樹下所坐的吉祥草草墊子——後來大加美化為「金剛座」；

佛的遺物如鉢、佛衣等；

佛留下的足跡——後來越放越大，成為「大人跡」式的大足跡；

表示佛說法的象徵物「法輪」——到了一九五零年，世佛聯成立時，決定以法輪為佛教教徽。

在這些禮拜對象中，塔是釋尊的歸宿所在，成為那一段時期佛弟子的主要膜拜物。

後來，隨着希臘文化藝術及其神話傳說，特別是其造像藝術傳入南亞次大陸，佛

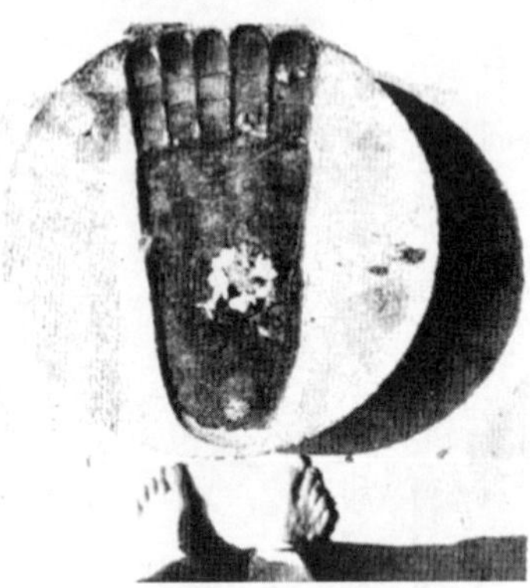

南亞次大陸的佛祖足跡，當然較常人「偉大」得多。

教徒認識到造型藝術在宣傳中的優越性，才造起佛像來。最初只稱佛像為「菩薩」，代表成佛前的悉達多，以示不破壞「不造像」的遺教。後來大約嚐到甜頭，於是一發而不可收拾，大造特造起各種佛像、菩薩像、神像來。從此，由禮拜塔轉到禮拜佛像，由禮拜象徵物轉到禮拜具體的佛（人像）。塔本身就是一種建築物，佛像卻需找地方安置。於是，紀念堂、禮拜堂類型的佛寺佛殿勃興。

南亞次大陸佛教徒早期活動場所多為石窟居室式，中置象徵物，主要是小型的象徵性的塔，四周小龕式居室住人。影響所及，發展成帶有中國各時代各民族本身特色的石窟藝術，蜚聲世界。這是中華民族變化改造利用外來文化影響的一種例證。佛寺則屬於走另一種獨立路線的例證。

相傳漢明帝時在洛陽創立白馬寺，為中國有佛寺之始，至今已近兩千年。「寺」本為漢代從事某項具體工作的中高級官署通稱，如太常寺、太僕寺、鴻臚寺之類。可見，起初的白馬寺，不過是個安置外國僧人的衙門，類似如今國賓館之類機構。中國傳統的建築思想，似乎是想在整齊劃一中規定出等級。所以，無論宮殿、官署、民宅，平面佈局都是院落式，變化不大，而在大小、開間等方面顯示森嚴的等級。因此，從一開始，大概就沒有想過給佛寺另搞與眾不同的專用性設計，如西方基督

洛陽白馬寺，相傳為紀念白馬馱經傳入中土而建。

教的大教堂那樣的專門性建築，那是很難移作他用，特別是絕不能變為民宅的。中國人走的是另一條路，即把民宅改造為寺院之路。

這種改造，看來很容易，甚至不必新造，只要「捨宅為寺」，住戶遷出，和尚、佛像遷入，略加改造便可。《洛陽伽藍（意為「眾園」或「僧院」。後把佛寺稱作「伽藍」）記》中記載的許多王公「捨宅為寺」的實例，便是此種情況的反映。

但佛寺究竟是宗教建築，以宅為寺只能解決供佛像、作法事和僧眾生活、學習用房，難於突出佛教特點。於是，從「塔」這種外來的建築形式上打主意，使它在中國完全佛教化（在早期的南亞次大陸，塔並非佛教專用），成為佛教的象徵性標誌性建築。於是，改宅為寺，必在寺前造塔，或在寬大的原宅院中心造塔，形成以塔為中心、殿為附屬的成組宗教性建築群。東漢到南北朝時期一直如此。當時的寺院習稱為「浮圖祠」。「浮圖」是「塔」的音譯。而步繞誠心禮塔，亦即禮塔中舍利（漢化佛教所禮塔中舍利，包括法身舍利，即藏於塔內的佛經），就成為當時信徒主要的巡禮內容。從佈道效果上看，禮塔究不如禮像感染力強。隋唐以降，造大像成風，以塔為中心逐漸蛻變成以高大的佛閣為中心。這種閣常內藏通貫各層的巨像，信徒可繞層巡禮，實在是塔與殿的化合結晶。

造大像、大閣、高塔費工費錢費時，不利於在各地迅速普及。禪宗興起後，提倡「伽藍七堂」制，這是佛寺向普及化、專業化發展的標誌。從現代觀點看，它將佛寺劃分為佈教區與生活區，又可再分為基本和外加兩大部份。在佈教區內，基本部份絕不可缺，否則不成其為佛寺。但可因陋就簡。外加部份彼此間關聯不大，可以因時因地制宜設置。至於塔，獨成一體。有塔，寺院錦上添花；沒有塔，還是個寺。

下面就以近代漢化佛寺為主，講一講寺院殿堂典型配置。既然是講典型配置，就不以一個寺廟為主，請參看附圖。此圖有似生物學中的「模式細胞圖」。可以說，沒有一種細胞像模式細胞那樣組織全備的，也沒有一個寺院完全採用模式圖那種典型配置的。

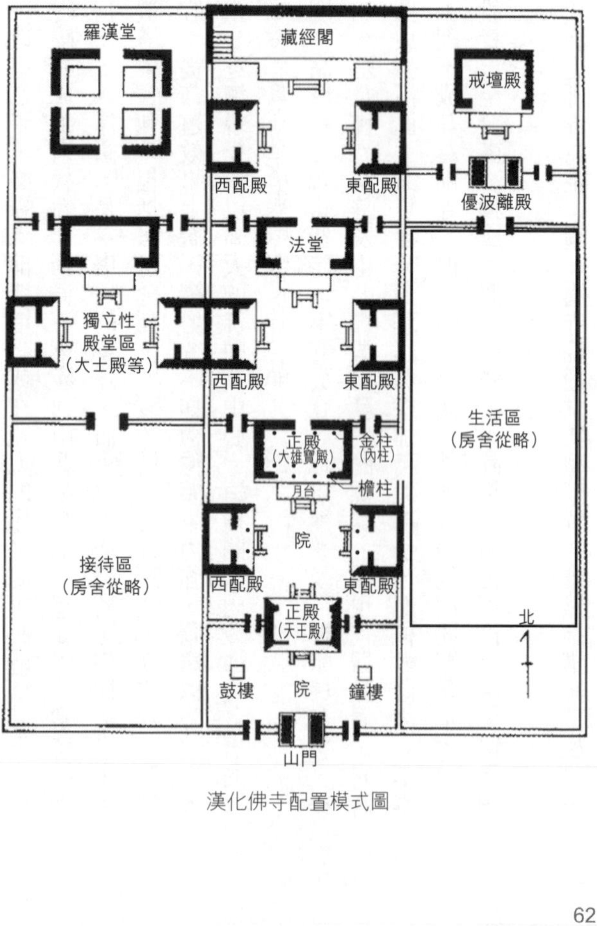

漢化佛寺配置模式圖

（二）

殿堂是寺院中重要屋宇的總稱。大致地説，殿是供奉佛像以供瞻仰禮拜祈禱的處所，堂是僧眾説法行道和日常生活起居的地方。其名稱，或按所供奉的主要神佛而定，或按其用途而定。

唐宋時代，按常規，佛寺須有「七堂伽藍」，即七種不同用途的建築物。佛教各宗派對其解釋略有不同，一般認為是：山門、佛殿（不止一種）、講堂、方丈、食堂、浴室、東司（廁所）。發展到近代，逐漸以佛殿為其主體突出部份，而且規範化。禪宗的殿堂配置最有章法，比較固定，故各寺多從之。但古刹常存遺制及遞改之跡；山寺又多依山傍水，因地制宜，也不規則；有些位於鬧市區而逐步發展起來的，或由花園、別墅、住宅改造、包容的寺院，佈局每自成一格，不甚規範。如漢陽歸元寺雖為大刹，而殿堂安置散漫，即是一例。下面介紹的是正規典型配置。

中國的營造法則，一般是把主要建築擺在南北中軸線上，附屬設施安在東西兩側。寺院的配置也是如此。由南往北看，主要建築大致是：山門、天王殿、大雄寶殿、法堂，可能還有藏經閣。這些都是坐北朝南的正殿。東西配置則有伽藍殿、祖

有一千多年歷史的昆明圓通寺。以牌樓、天王殿、八角亭、大雄寶殿為軸，兩旁排列着對稱的殿堂。

師堂、觀音殿、藥師殿等。寺院的主要生活區常集中在中軸線左側（東側），包括僧房、香積廚（廚房）、齋堂（食堂）、職事堂（庫房）、茶堂（接待室）等。「旅館區」則常設在中軸線右側（西側），主要是雲會堂（禪堂），以容四海之來者。

近代佛寺的基本部份，不過是兩組建築：山門和天王殿為一組，是門臉兒；大雄寶殿為一組，是主體建築。有此二者方可稱「寺」。有些小廟，特別是觀音庵之類的尼廟，只有一個小院落，正房中置佛像或觀音像，人住兩廂。那只可算是「庵」——乃不正規的因陋就簡之小廟也。

附加建築則品種較多，各寺可按情況自由配備。常見的供佛、菩薩等像的非主要殿堂（相對於大雄寶殿而言），先在這裏總的說一說，以後依次詳述。

個別的寺院有專供菩薩的觀音殿、文殊殿、三大士殿、地藏殿，還有藥師殿等，多作為東西配殿（大殿或法堂的配殿），或在中軸線東西側另闢小院。有些寺院有羅漢堂。這些都是帶點獨立性的建築單位。也就是說，一個寺院可以看情況配置，更宜於在發展中逐步配置。有它們是廟，沒它們還是廟，不影響大局。它們彼此間也沒有必然聯繫，各個獨立。按類分，則有：

1、佛殿：常見的為藥師殿。內供藥師佛，脅侍為日光、月光兩菩薩。旁列藥師十二神將，他們常與十二支屬相相配。

此外，唐宋遼金古剎常單設密宗系統的毗盧殿，主尊為毘盧遮那佛。此種殿常蓋成幾層通貫以便繞層巡禮的樓閣式。

2、菩薩殿：常見的是觀音殿和地藏殿。

觀音殿中供觀音大士，左右近侍為善財童子和龍女。兩壁有「觀音三十二應身」，即觀音為適應不同佈道化人需要而顯現之三十二種化身。

地藏殿中供地藏王菩薩。常供的是他的中國傳說中的化身——朝鮮王子金喬覺，作僧裝。脅侍為九華山山主閔氏父子。陪塑常有十殿閻王等像。

三大士殿則觀音居中，文殊、普賢分居左右。此外，單供文殊的文殊殿也不少，普賢殿則相對地少得多。

3、**羅漢堂**：純粹中國化的、最富人情味的殿堂。常建成「田」字、「卍」字等形。中塑五百羅漢，可由藝術家自由發揮意匠創造。如北京碧雲寺、上海龍華寺、漢陽歸元寺、昆明筇竹寺等處的羅漢堂都各具特色。

4、**關帝廟**：完全漢化的殿堂，中供關帝，關平與周倉侍立。想來是供關帝在伽藍殿或大雄寶殿值班後休息的私邸。

5、**戒壇殿**：一組獨立建築，自成格局。一般在戒壇殿前另立一個小山門殿，以示從此進入即受戒得解脫入空門之意。中供釋迦十大弟子之一的優波離，故又稱「優波離殿」。

生活區內有：

1、**方丈室**：一寺之主（住持）的寢室兼工作室。大寺院中常居中軸線上最後一進院中，或跨院中最後一小院，以示深居簡出之意。方丈室也不輕易讓客人進出。

2、茶堂：接待室，知客僧人在此辦理外來聯繫之事。常在前院東廂房。旁邊常有供應經、像、香爐、香火等物的小賣部。

3、齋堂：僧眾內部食堂。其廚房稱「香積廚」。大寺另有供俗客進餐的素菜館，不可與「香積廚」混為一談。

4、雲會堂：寺院的招待所，常設於西跨院。

此外，一般僧人住僧房，打坐參禪在「禪房」。這些都常為靠牆打通舖。高級寺院的生活區，常在東跨院內，有花園。有的東西跨院都帶花園。

綜觀中國佛寺建築，始終不脫通用型窠臼，而且愈到近代愈趨向於四合院式定型化。衙署有大堂，民府有正房，學校有大講堂，佛寺有大殿，建築外形與工程做法基本相同。捨宅為寺固好，變寺為校、署也行，主要改換內部裝修與附件，用不着大興土木改變建築整體。

中國近代佛寺建築的另一個特點是：總體佈局也如一般民用建築群那樣，採用組合式。即以一個四合院為主體，在其前後左右可任意增減制式四合院或變式花園。主體是辦公事用的，生活區在其後部與兩側。迎賓與保衛系統集中於前方。看一看

簡樸的少林寺方丈室，本是象徵着佛門淡泊之心，卻為後世小說家渲染成武林至尊的居所。

寺院僧侶的內部食堂——齋堂。

故宮與各地大衙署的平面配置，就會恍然於寺院建築群的組合思想與它們是如何的高度一致。

至於朝向，漢族通行以面南背北為軸線的安排，特別在北方，出於取暖需要，更是如此。但遼代契丹族人有「朝日」習尚，建寺取坐西朝東的軸線，如北京大覺寺即如此。

（三）

佛教供奉的佛像、菩薩像、羅漢像、神像種類極多，居世界諸大宗教之冠。因此，佛教又被人半戲謔地稱為「像教」。這或者是釋尊始料所未及的罷。

在佛教向各地區傳播的過程中，隨着時代的發展，民族的差異，各種像又都帶上了時代與民族色彩。在漢化佛教中，這種色彩異常強烈。

本節中主要講一講以釋迦牟尼佛佛像為代表的佛像，其他各種像在其他節中敍述。

小乘佛教認為只有釋迦牟尼佛才是佛。大乘認為有無數佛，但也沒有搞出特異的佛像來，而是把別的佛也塑造成和釋迦牟尼佛像基本一樣，只是「印相」（這個術語在後面講）不同而已。所以，認識了釋尊像，也就基本上認識了別的佛像。

南亞次大陸的佛教徒，大約是按照他們自己那個時代貴族的審美標準，再加上若干神化成份與標誌，塑造出釋尊的形象來的。可以說，那是一尊集中了各種形體形象美的、帶有高度文化修養與思維氣質的、具有本時代本民族特點的中年貴族健康男子造像。

在塑造釋尊形象的過程中，對造像的形體形象特點，逐漸明確出具體要求，最後形成了佛像的「相好」，即在這方面的具體規定與要求。這種規定就是三十二相與八十種好，合稱「相好」。

三十二相，亦稱作「三十二大人相」、「三十二大丈夫相」、「四八相」等。指釋尊的三十二個顯著特徵。它們是：

1、足下安平立相：立在大地上時，腳底與地密切結合。這一點，按現代醫學來看，屬於病態的「平足」。

2、足下二輪相：兩個腳心各有一個「輪寶」肉紋。這在造某些趺坐像和臥佛像，特別是造大像時，是給刻繪出來的。立像則無法表現。

3、長指相：手指、腳趾都細長。
4、足跟廣平相：腳後跟寬而圓。
5、手足指縵網相：手指腳趾間有肉皮連着，如蹼。這一點漢化塑像中一般不塑出，或塑作五指併攏。
6、手足柔軟相：這是缺乏體力勞動的貴族的特徵。
7、足趺高滿相：腳背高起而圓滿。
8、腨如鹿王相：大腿部像鹿腿纖而好。
9、正立手摩膝相：令人想起劉備的「雙手過膝」貴相。但在造像時，為保持正常比例，每適可而止。
10、馬陰藏相：漢化佛像均造成着衣形態，此相不塑出。
11、身廣長等相：身長與兩手張開等長。
12、毛上向相：身上所有的毛均向上長。此相難塑出，說說而已。
13、一孔一毛生相：身上每一毛囊生一青色毛。
14、金色相：全身現纖細的金色光輝。造像時以貼金塗金當之。
15、丈光相：身光照四面各一丈遠。造像時以後立屏風狀背光當之。

16、細薄皮相：皮膚細滑不容一點塵土。

17、七處（兩手、兩足、兩肩、脖頸）隆滿相。

18、兩腋下隆滿相。

19、上身如獅子相。

20、大直身相。

21、肩圓好相。

22、四十齒相：一般塑成閉口，牙齒不塑出。

23、齒齊相。

24、牙白相：佛像一般閉唇，22、23、24三相表現不出來。

25、獅子頰相：臉蛋兒隆滿像雄獅之頰。

26、味中得上味相：喉中常有津液，食物與之混合，其味無窮。造像無法表現。

27、廣長舌相：舌頭又寬又長，又軟又薄，伸出口來覆蓋面部直到髮際。造像不表現。

28、梵音深遠相：發音深沉，四遠皆聞，想來是男低音超級歌唱家。亦無法表現於造像。

29、真青眼相：瞳子如青蓮花色。

30、眼睫如牛王相：睫毛長而美，濃重而不亂。

31、眉間白毫相：兩眉之間略上處有一白毫，右旋盤成蛇蟠狀，放光，展開則可向前直射一丈五尺長。造像時於面部該處點一白點，如今印度婦女之眉間吉祥痣狀。

32、頂髻相：佛髮自然成螺狀捲，頂上隆起一塊肉如髻形。造像作中國髻形，上亦有螺髮。髮常作青翠色。

實際上，在漢化寺院造像中，三十二相能湊合着表現出來的，也不過十二三相，別的不過說說而已，切勿認真。

八十種好，亦稱作「八十隨形好」、「八十微妙種好」、「八十種小相」。是講釋尊容貌的八十種微細隱秘難於一眼看明而須待指出的特徵。主要講的是頭、面、鼻、口、眼、耳、手、足各處的奇特長相。現在只揀一些造像時能表現的說說，也不按次序排了：

鼻樑修長，不見鼻孔。

眉如初月。

耳大垂輪。這又讓人想起「兩耳垂肩」的《三國演義》中劉備的耳朵。

踝骨深藏肉中不外露。

唇如紅頻婆果之色，實即紅蘋果色。上下唇相稱。

臉寬圓潔淨豐滿如秋天滿月，所謂「佛爺臉」。

眼眶又寬又長，眼睛青白分明。

手指腳趾圓而細長柔軟，不見骨節。指甲狹長薄潤，光潔明淨，如花色赤銅。

頭髮長而不亂，右旋螺髮，稠密，作紺青色。

手足及胸部皆有吉祥喜旋的「卍」字。

漢化寺院中的佛像，可說「千佛一面」。首先是不管甚麼佛，基本上全照釋尊的形象塑造，只不過如前所說，在「印相」方面有所區別，有的佛不出肉髻，只作平頂滿頭螺髮罷了。

其次，塑造釋尊，從降生佛、成道相、說法相直到涅槃相，自小到老八十年，形象全都一樣。只不過降生佛赤裸上身而下身掖着衣裳（漢化寺院中全裸體的降生佛幾乎是沒有的），別的則披着袈裟罷了。有的工匠為了表現涅槃佛的老態，在螺髮前部開出一個三角形的無髮露出頭皮的區域，表示此時釋尊已老年謝頂。這是中國人在與「相好」規定不抵觸的情況下（實際上是鑽了「相好」中無此規定的空子）所作的意匠創造。如今北京法源寺內後殿供奉的那尊臥佛，頂部即有三角區。

但是，祖師爺究竟是外國人，「相好」規定又多，想徹底改變佛爺的形象是十分困難的事。中國的帝王貴族，在其下屬的諂媚下，不少人拿自己的相貌來做大佛像的模特兒。如北朝那些「秀骨清像」的石刻，還有據説以武則天面貌為範本的龍門石窟盧舍那佛，都存在着這種痕跡。但也不過面部依稀如是而已，那白毫、大耳、螺髮、頂髻等，是任何活生生的中國人所不具有的。

可是，在佛傳圖塑中，中國人卻把釋尊盡量漢化。特別在他出家前，竭力打扮得像個中國王子或官人模樣。可一到成了佛，就不行了，還得按着「相好」來辦。所以，佛爺雖是佛殿主尊，在中國老百姓看來，終究非我族類，尊而不親，缺乏變化。他只是一尊膜拜對象罷了。

在漢化寺院中，發揮慘淡經營的意匠，使之盡可能漢化而且變化多端的，還在非佛的那些菩薩、羅漢、天神、高僧身上。供養人更是本地風光，個個是盛裝標準像，足覘時代風貌。

（四）

若是從總體上來觀察近現代佛寺，從它的塑像及配合的畫像背景等群體中，起碼能看到如下特點：

一個特點是有主有從，主從分明。它們的組合是成系列的，主從分明，等級森嚴。在服制、形貌、安置地點、神態等方面，各類形象都各具特點，一眼就能看出誰屬哪類神佛（但未必一眼就能看出是誰）。這是高度標準化類型化定型化的表現，對藝術家的創造性束縛很大。

另一個特點是逐步地盡可能地漢化，使之化成中國民眾樂見喜聞的形象。就以「諸天」來說，帝釋、梵天那些南亞次大陸早期神話中的主神，竟然穿戴上中國衣冠、幻化成中國近世漢族帝王后妃模樣，真讓人佩服咱們的古人就地改造外來戶的本領。

漢化佛像造像的再一個特點是，經過歷史上不斷的發展，帶有成熟的漢族文化傳統與哲理氣息。以菩薩而言，唐代還是三摺腰，半裸上體。但乳房、臍部每以瓔珞等物遮掩。近代的許多菩薩就穿起霞帔，戴上風帽。密宗的極盛只是曇花一現。

那些三頭八臂、千手千眼的怪像固然代代相傳，在寺院中佔一席之地，但並非主流。造像中主尊等均以莊嚴肅穆寧靜安詳和善為主要風格，獰惡的天王神將小鬼都是次要人物。「歡喜佛」之類，在漢化寺院中更是嚴禁出現。和藏傳佛教、南傳佛教對比，就可看出漢化佛教漢化到何種程度。

作為中國中原地區成熟而停滯的古代文化的一部份，漢化佛寺建築與造像，每體現出這一文化的顯著特點。它有機地融合在漢族固有文化之中。

四、山門與天王殿

前殿，包括山門（山門殿）、鐘樓、鼓樓、天王殿這一組設施。有的寺院限於條件，常將山門與天王殿合併，取消鐘樓和鼓樓。大寺理應齊備：入山門東鐘西鼓（即從坐北朝南的方向看，左鐘右鼓），再進則為天王殿。

（一）

佛寺大門稱為「山門」。「天下名山僧佔多」，寺院多居山林之處，故有此稱。山門一般有三個，象徵「三解脫門」，即空門、無相門、無作門。這三座門常蓋成殿堂式，至少是把中間的一座蓋成殿堂，叫山門殿或三門殿。殿內塑兩大金剛力士像。金剛力士是手執金剛杵守護佛法的護法神。據《大寶積經》卷八《密跡金剛力士會》說，金剛力士原為法意太子，他曾發誓說，皈依佛法後，要常親近佛，當作金剛力士，

峨眉山報國寺山門

普聞一切諸佛秘要密跡之事。他後來成為佛的五百名執金剛杵隨從侍衛的首領，稱為「密跡金剛」。當了衛隊長，自然有坐「傳達室」看門的任務。可是外來戶「金剛力士」只是一個人，所以中國早期佛教的金剛力士像只有一尊。這不合乎中國人愛對稱的習慣，到後來就又添上一位。

這種增加，與佛經中的說法不一致，於是有人提出質問，那麼就得有人解釋。唐代中國和尚為佛經作的註疏之一《金光明經文句》中解釋說：據經文，金剛力士只是一位，現在寺院裏卻有兩尊像，乃是適應外界情況變化，多一位也沒甚麼。這是一種自我解嘲式的抹稀泥的解說。因為兩位金剛已經站在那裏，無法再取消，同時也沒有更好的解釋，也就姑從此說了。

現今寺門左右的金剛力士像，都是面貌雄偉，作忿怒相，頭戴寶冠，上半身裸體，手執金剛杵，兩腳張開。其不同者，只是左像怒顏張口，右像忿顏閉唇。

由於一位張口一位閉口是兩位金剛的主要區別所在，就從而產生出對此情況加以解釋的附會傳說。據說，左像開口發「阿」聲，右像閉唇發「吽」聲。按佛家說法，這兩個音原是梵語中開頭與結尾的兩個音，它們有神奇色彩，一開一合，是一切言語音聲的根本（基礎）。「阿是吐聲權輿，一心舒遍，彌綸法界；吽是吸聲條末，捲縮塵刹，攝藏一念」。「恆沙萬德，莫不包括此二音兩字」。說得神乎其神。可是俗人哪懂這些，他們追求別的解釋法。《封神演義》中想使這二位金剛進一步漢化，就說他們是哼哈二將鄭倫、陳奇死後封神而成。這就把梵語的「阿」、「吽」二音輕輕掉舌一轉，轉成漢人很懂的帶感情色彩的「哈」、「哼」兩個詞，非常通俗化大眾化了。當然，有些佛教徒認為，那不過是小說家的胡編亂造，頂多也就是戲言。但據

阿（ā）

吽（hōng）

說，在雲南有的寺院山門內就塑有騎火眼金睛獸的哼哈二將。可見，世俗人等，包括佛學水平不高的僧人，愛的還是漢化了的土生土長的東西，哪怕它是小說也罷。

需要補充的是：近代的山門前，總立着一塊石碑，上刻「不許葷酒入山門」七字。據說有的好酒的和尚，故意把它讀成「不許葷，酒入山門」。因而後來碑文又刻成「葷酒不許入山門」了。現代的寺院，因隨喜的俗客太多，立碑也等於具文，所以常常不重視它，任其自滅。到了今天，此種碑百不存一矣。又，在某些戒壇殿的戒壇之後，也常設此碑，那是作為立規矩的樣品。

進入山門，便可見到左鐘樓右鼓樓。所謂「晨鐘暮鼓」，即早晨先擊鐘，以鼓應之；晚上先擊鼓，以鐘應之。佛寺中鐘鼓安置處甚多，而以鐘樓鼓樓所置為最大，稱為大鐘大鼓。擊鐘用杵，宜緩，揚聲欲其長。破曉前連擊三通，每通緊緩各十八椎，三通總計百八鐘聲。以鐘聲能使人警悟，發人深省，引人遐思，所以每為墨客詩人歌詠時靈感所寄：「況是異鄉兼日暮，疏鐘紅葉墜相思！」

大鐘上每鑄經文及鑄作年代、因由、施主和鑄工姓名，可為考證之資。今中國最大的古鐘博物館在北京大鐘寺。當然，最著名的鐘聲，還是「姑蘇城外寒山寺，夜半鐘聲到客船」。

（二）

由山門往裏走，第一重殿是天王殿。內供六尊像。殿中間供彌勒，面對山門。他的背後供韋馱天，面對大雄寶殿。二位背靠背，中隔板壁。殿兩側供四大天王。

彌勒是梵語的音譯，意譯「慈氏」。按正規的佛教說法，他到現在為止還是一位菩薩。但他未來必定成佛，而且是佛祖釋迦牟尼的既定接班人。

在此，得先說說佛與菩薩的關係。

梵語 Bodhi 音譯「菩提」，意譯「覺」、「智」，指的是對佛教所宣揚的「真理」的理解覺悟。一般地說，凡斷絕世間煩惱而成就佛家最高的境界「涅槃」，便可說具有無上的智慧，也就是「覺」了，證了「菩提」了。可細分起來，「覺」又有三義：

自覺：自己覺悟，又稱「正覺」；

覺他：使眾生覺悟，又稱「等覺」（遍覺）；

覺行圓滿：執行以上兩項到達圓滿無缺的程度，又稱「圓覺」（無上覺）。

據說，凡夫俗子三項全無；就是羅漢（包括其中的「聲聞」）也只具備第一項。修到菩薩的最高位——等覺位，則具備前兩項。只有成佛才三項俱全。而「菩薩行」

並非供奉四大天王為主尊的天王殿

（菩薩的一切作為）的全部內容，就在爭取三項齊備，從而成佛。

據《彌勒上生經》、《彌勒下生經》等佛經記載，彌勒生於南天竺的婆羅門（教士階層）家庭，後來成為釋迦牟尼的弟子。他先於釋迦入滅（離開人世），上升到兜率天內院。

這裏還須再補充說明佛教中「三界」和三界中的「二十八天」。

原來，佛教吸收了南亞次大陸古老的神話傳說和宗教中關於「天」的種種說法，並自由地變化改造，提出「三界」說。即一切「有情眾生」都處在「生死輪迴」過程中，在慾界、色界、無色界三界內。只有達到涅槃境界成佛，才能超脫三界外，升入不生不滅的西方淨土極樂世界。慾界是三界中最低的一界，居此界者都有食慾、淫慾。地獄、畜生、餓鬼在此界內，諸天神也在此界內。

慾界分為六道，即：

地獄道。

餓鬼道。

畜生道（也譯作「傍生道」）。

阿修羅道（阿修羅是梵文的音譯，意譯「不端正」、「非天」等。原為南亞次大陸古老神話中的一種惡神，常與帝釋天等進行血腥戰鬥，原因之一是帝釋天偷搶了他家的女兒。佛教沿用變化之，將阿修羅收為「天龍八部」之一）。

人道。

天道（包括「三界諸天」，即所有未成佛之天神。漢化佛教中除原從南亞次大陸傳來的外國「諸天」等外，還包括中國本地各種神，連道教諸神都統攝在內）。

以上六道芸芸眾生，都脫不了「六道輪迴」，即根據生前善惡行為輪迴轉生。輪迴轉生原是婆羅門教的傳統說教，不過婆羅門教把它和四個種姓結合在一起，並且說得很死：各種姓的人轉世還是那種姓的人。特別是下層種姓，如首陀羅，那是絕不會轉生為上層種姓如剎帝利的，更遑論轉生為婆羅門了。上層種姓如婆羅門，若作惡多端，倒可能降級。而天神，只是化身降入人間遊戲或做事，不參與輪迴。佛教沿襲其說而巧妙地加以變化，創造了除成佛涅槃以外人鬼神飛潛走全都參與輪迴的說法，而且沒有限制，無論甚麼人，罪惡越大入輪迴後受苦受罰越重。帝王后妃如作惡多端，僧尼若不成材不敬三寶，來生一樣變豬變狗。乞丐拾金不昧，念佛千萬聲，來生衣紫腰金。善行到達頂點，立地成佛，跳離三界外，不在五行中矣。這樣，人人有出頭希望，自然比婆羅門教受下層群眾歡迎。同時，佛教又巧妙地收容和貶低了其他宗教（如婆羅門教和中國道教與民間宗教）

六道輪迴圖

諸神，把他們也納入輪迴之列。豬八戒雖為天蓬元帥，犯了錯誤一樣投胎轉生。不料投胎還錯投了豬胎。這是中國小説家對輪迴説的戲謔性創造發展。

但神佛究竟與人不同，佛教安排他們住在「天」上。慾界，除其他五道外，天道諸神居住在「六慾天」（慾界六天）之上。其中最低的兩層是「四天王天」和「忉利天」，都在須彌山之上。須彌山是梵文的音加意譯，意譯「妙高」等。原為南亞次大陸神話中山名，認為居世界之中，諸神所居。佛教將之接收改造，説此山四面山腰有四座小山，分住四天王，是為四天王天；山頂為帝釋天所居，四方各有八天，共為三十三天（梵文的意譯），音譯則為「忉利天」。四天王天和忉利天雖高，但須彌山仍在地表之上，故此二天稱為「地居天」。其他慾界尚有四天，色界十八天，無色界四天，則為「空居天」。列表説明如下：

三界二十八天簡表

慾界天（六天）	四天王天　忉利天	地居天
	夜摩天 兜率天 化樂天 他化自在天	

色界天（十八天）					無色界天（四天）
初禪	二禪	三禪	四禪		
梵眾天 梵輔天 大梵天	少光天 無量光天 光音天	少淨天 無量淨天 遍淨天	無雲天 福生天 廣果天 無想天	無煩天 無熱天 善見天 善現天 色究竟天 （五淨居天）	空無邊處天 識無邊處天 無所有處天 非想非非想處天
空居天					

需要補充說明的是：

慾界為有形體的眾生（包括神）所居，具有食慾和淫慾；

色界為已離食慾、淫慾的眾生（主要是神佛及其「眷屬」）所居，但仍有形體；

無色界是已無形相的佛所居。

據此，釋迦牟尼佛等佛應居於最高層的無色界才是。但那樣，就沒有形相可供瞻仰了，佛寺中所供的佛像也就無所依據。因此，佛教中折中的說法是：為度化眾生，包括釋迦牟尼佛在內的諸佛，於應化之際，暫以色身居於色界的最高一層「色究竟天」。

我們接前再說彌勒所居的兜率天。它是梵文的音加意譯，意譯是「妙足」、「知足」。它是六慾天中自下而上的第四重天。二十八天中，它與四天王天、忉利天是最常被提到的。其他各天，說說而已。

兜率天的出現，遠在佛教建立之前，本是南亞次大陸古老神話傳說中諸神遊樂之所，相當於諸神俱樂部。佛家加以改造，把它劃成內外兩院。外院還是神的俱樂部，內院是新建的，具有釋迦牟尼佛系統的某種會議室、籌備處、中轉站等性質。據說，釋迦降生前，就與諸天神在內院開會，討論如何降生，然後從此院出發入胎。

釋迦的母親摩耶夫人在釋迦降生七天後逝世，即往生於此院。彌勒菩薩入滅時，釋迦為之「受記」（作預言），説彌勒是自己的繼承人，將來在度盡眾生時成佛。為作好此項準備，也派彌勒往生此院。

彌勒把這個後院改造成慾界中的「彌勒淨土」，凡歸附彌勒的均可往生，説句玩笑話，那裏是佛教「太子派」、「未來派」的大本營。彌勒要在此住四千歲（據説相當於人間五十六億七千萬歲），然後下生人間。中國元明清三代，白蓮教等系統的農民起義，常用「彌勒下凡」作號召，即基於此種説法。

據説，彌勒下凡後，將在華林園（龍華樹成林的花園）的龍華樹（「枝如寶龍，吐百寶華」的樹）下坐，成道為彌勒佛。然後在園中開三番法會，説法，度盡上、中、下三種根基的眾生。是為一切成佛的「龍華三會」。但那在佛教的説法中，也是遙遠的未來的事，現在的彌勒只是菩薩，充其量不過是「未來佛」。因此，彌勒的形象基本有兩種：

一種作佛像，過去現在未來三世佛之一，常陪着釋迦安置在大雄寶殿，不能離「三世」而獨立安置。

另一種為菩薩裝，常戴天冠（與京戲中的唐僧帽相似），每每單獨供奉。

天王殿所供，按説應該是菩薩裝的彌勒本相。那樣，通佛法的善男信女，進入山門後展目觀看，先從現在的菩薩接班人看到一定成佛的未來，定然精神一振。今北京廣濟寺天王殿、蘇州靈岩寺彌勒閣等處，猶供天冠彌勒像，尚存中世遺風。可是，近現代佛寺天王殿正中主尊，都供奉大肚皮袒露笑口常開的大肚彌勒。這位又是誰呢？

原來，這是中國的彌勒化身。據説，他就是五代時的布袋和尚。這位和尚名叫契此，身廣體胖，言語無恒，常揹着個口袋在鬧市出現，面帶喜容。布袋裏百物俱全，他常在稠人廣眾中將袋中之物傾瀉於地，叫道：「看，看！」時人莫之能測。後梁貞明二年（九一六），他在浙江奉化岳林寺東廊磐石上圓寂。臨終遺偈，曰：「彌勒真彌勒，分身百千億；時時識世人，世人總不識。」於是隱囊而化。

天冠彌勒

漢族向來有徹底改造外來戶使之歸化的民族心理，化身的說法與遺偈又提供了根據，於是，北宋時便逐漸以大肚彌勒來取代天冠彌勒。近世以來，又常在他身邊塑兩個以至五六個小胖孩與之嬉戲，所謂「五子戲彌勒」，很受求子嗣的婦女崇仰。於是有「送子彌勒」產生。

《西遊記》裏很拿彌勒開心。他面前的黃眉童兒（想是從小胖孩衍化）偷了他的布袋，將諸神以至孫大聖逐一裝入，渾渾沌沌，大有讓他們返本還原之意，倒也厲害。可是最後點明「那搭包兒是我的後天袋子，俗名喚做『人種袋』」，用以說明「裝人」的因由，則謔而近於虐，不能被正派的佛教徒接受矣。不過這尊土生土長的大肚彌勒佛，形象着實令人喜愛，因此，各種工藝品小造像就特別多，成為中國工藝品造像中傳統的典型形象之一。人們更不會忘記殿中常懸在他身旁的一副富含哲理的對聯：

大肚能容，容天下難容諸事；
開口便笑，笑世上可笑之人。

大肚彌勒

(三)

如上所述，古代南亞次大陸的神話說，須彌山腹有「四天王天」。「四天王天」這個詞是梵語意譯。四天王天是四天王及其眷屬的住處。——注意：佛教把佛、菩薩、天王的近侍、隨從、信徒統稱為「眷屬」，與世俗的通用意義不同。——據說，這四天王天就在那有名的須彌山的山腰。那裏聳立着一座較小的山，叫做犍陀羅山。此山有四山峰，四天王及其眷屬分住其上。四大天王的任務是「各護一天下」，即掌握佛教傳說中的須彌山四方人類社會的東勝身、南贍部、西牛貨、北俱盧四大部洲的山、河、森林、地方。所以又稱為「護世四天王」。職責有點像警察。

四大天王來華，途經西域，沾染上于闐一帶的風習，面目為之一變。在漢化寺院中長期駐紮下來的時候，已是隋唐時代。看他們的扮相，像漢化了的西域武將，與南亞次大陸的神很不相同了。再經過不斷漢化，到明清時定型成現在寺院中所見的樣子。下面分別道來：

北方多聞天王在四天王中最為突出。音譯「毗沙門」。據說，他就是古代印度教中的天神俱毗羅，別名施財天（意思是「財富的贈予者」）。他在印度古代偉大史詩《瑪哈帕臘達》等書中就出現過。在這些古神話中，他是北方的守護神，又是財富之神，相當於中國的財神爺。吉祥天女和他關係密切，據說是他的妹妹或妻子。在古代吠陀神話中，這位多聞天王本是帝釋天的部下。帝釋天音譯是因陀羅，意思是天老爺，是人間英雄與天上的自然威力的結合，是雷霆暴雨的人格化。帝釋天的部下大部份是武士與戰將。無奈，在神話流傳中，帝釋天的地位越來越下降。佛教傳說中還保留帝釋天之名，然而勢力已很微弱。毗沙門天王等也就逐漸脫離了他，自樹一幟。在中國早期佛教中，他們之間的關係早已若即若離了。毗沙門天王既能充警察保護良民，又開銀行發放貸款，誰不敬愛？於是他在四天王中信徒最多。我們現在所見敦煌所出毗沙門畫像中，這位天王渡海行道之際，常常散佈異寶金錢，散佈於畫幅下方，就是證明。

尤有進者，唐代產生了這樣的傳說：天寶元年（七四二），安西城被番兵圍困，毗沙門天王在城北門樓上出現，大放光明。並有「金鼠」咬斷敵軍弓弦，三五百名神兵穿金甲擊鼓，聲震三百里，地動山崩。番軍大潰。安西表奏，玄宗大悅，令諸道城樓置天王像。這樣一來，毗沙門天王在盛唐以至晚唐五代，香火極盛。《水滸傳》中寫到林沖看守的「天王堂」，就是上承唐代勑建的各地專供毗沙門天王的廟堂。

毗沙門天王在這一時代的漢化寺院中香火極盛，遠在其他三天王之上。有時，釋迦牟尼佛的左脅侍是吉祥天女，右脅侍是毗沙門天王，真可謂一門眷屬德容威神煥赫熙怡。毗沙門還有五位「太子」，其中第二太子「獨健」，第三太子「那吒」最有名。唐代流傳下來的毗沙門及其眷屬像甚多，多見於敦煌石窟——可惜其中的畫幡大部份都被盜走了——表現出的毗沙門典型形象是：

身作金色，着七寶金剛莊嚴甲冑，戴金翅鳥（或說是鳳凰）寶冠，帶長刀，左手持供釋迦牟尼佛的寶塔，右手執三叉戟（有把戟畫成「4」字形的，也有畫執寶棒或執長矟的）。腳下踏三夜叉鬼：中央名地天，亦名歡喜天，作天女形，左為尼藍婆，右為毗藍婆，均作惡鬼形。天王右邊是五位太子和夜叉、羅刹等部下；左邊有五位行道天女和天王的夫人。

到了宋元以後，特別在明清兩代，中國漢族地區佛教進一步漢化，和本國的迷信傳説相調和。四大天王也進一步漢化。這也首先表現在毗沙門天王身上。唐代的狂熱崇拜已成過去，他的身份逐漸與另外三位天王平等，不再特殊化。「財神」的兼職也被暗中取消。印度式三叉戟換成中國獵戶用的虎叉一類兵器。又慢慢從他身上分化出一位「托塔李天王」。連他的「眷屬」和兵器也全歸了這位分身而出的化身：李天王即李靖，是鎮守邊關的中國武將。他手使中國近古才出現的兵器方天畫戟，擎寶塔。他有一夫人三子一女（女兒是在《西遊記》裏生的），其中哪吒最有名。

「哪吒」的原型本名「那吒」，加上「口」字偏旁成為「哪吒」，更與毗沙門天王無干。兩個哥哥金吒、木吒也跟着他排行。這樣一家漢人，難以被極樂世界再接受。於是李靖只好在玉皇大帝靈霄寶殿之下稱臣，當了天兵總司令，哪吒充任前部先鋒官。金吒、木吒不忘本源，分投兩位菩薩修行去了。

毗沙門天王卸下了家眷這個包袱，正好在佛門中修行，於是永鎮天王殿。但因寶塔和戟連同托塔天王的名號，全都被李靖取去，眷屬（特別是在出行時為他打王者幡蓋的夜叉）也都別離，一急之下，只好自己打起幡來。可是一般人不認識幡幢，總瞧着像傘。《封神演義》中就說他掌「混元珍珠傘」一把，職「雨」，因為打傘和下雨有關。今所見近代漢化佛寺中，這位天王不是持傘就是拄着長柄幡。

另外三位天王，來華後也經過不斷漢化改造。他們早期的形象和名諱，原來是：

東方持國天王，音譯是「提頭賴吒」。身白色，穿甲戴胄，左手把刀，右手執矟（南北朝隋唐時一種長矛）拄地。也有手執弓矢的。南方增長天王，音譯是「毗樓勒叉」。身青色，穿甲胄，持寶劍。西方廣目天王，音譯是「毘樓博叉」。身紅色，穿甲胄，左手執矟，右手把罥索（一種當時用來套縛獸類的五彩線繩，類似套馬索），也有僅一手持寶劍的。以上所說，都是這幾位天王在中國早期特別是唐代佛教畫像中的典型形象。

元代塑像，東方天王手裏拿的東西換了琵琶；清代塑像，西方天王手裏拿的東西換了像蛇一類的動物。也有塑成龍頭蛇身的。另一手持寶珠，取龍戲珠之意。更有手攥着一隻尖嘴大老鼠之類動物的（此物也有塑在天王腳下的）。這些倒可以說一說。

杭州靈隱寺的東方持國天王造像，手執琵琶張口欲歌，唱的八成是一曲蘇軾的「大江東去」。

手持寶劍的南方增長天王，是四大天王漢化過程中最早被定型的一個。

原來「廣目」之義為「能以淨眼觀察」，他大約由南亞次大陸古代獵手之神變來，所以眼神好，手持罥索，身後跟着獵豹類動物。獵豹，是由西亞伊朗一帶經西域傳入中國的，唐代貴族打獵時也用，到了宋代就在中國絕種了。後來的人沒有見過它，就憑空塑成一種像能吃蛇的獴那樣的動物，取名叫「花狐貂」；又大約總覺着大將持繩有失身份，於是根據西方天王率領諸龍的另一傳説，把繩子變活，成為蛇狀物，取名叫「紫金龍」。蛇是可以順着捋直的，對長有長毛的貂類動物順着毛捋也能安撫住，故職「順」。

原裝正版的財神爺——北方多聞天王。

西方廣目天王，臂纏紫金龍，腳踩花狐貂，據《封神演義》，花狐貂是頭專吃人的神獸。

今日佛寺所見四大天王形象，基本上由神魔小說《封神演義》中的描述塑造而成，漢化更為徹底，說四大天王本是中國武將「佳夢關魔家四將」，死後才經姜子牙開封神榜派去西方做四大天王。至此，四大天王的就地改造工作基本完成，甚至進行了「返派遣」。至於毗沙門天王分出的化身托塔李天王，以及他的三個兒子，特別是哪吒，經過《封神演義》、《西遊記》和戲曲的連續塑造，早已脫離本根，在群眾中家喻戶曉的程度也遠遠超過四大天王了。漢族潛移默化消化改造外來事物的能力，實在巨大。同時也證明了，外來事物，只有扎根分櫱，土生土長，適應當地氣候，才會煥發出新的生命。就連四大天王的兵器，也經過了漢語「雙關」式的改造（《封神演義》所說與前圖所述略有不同）：

增長天王魔禮青　掌青光寶劍一口　職風（劍有「鋒」，「風」、「鋒」諧音）

廣目天王魔禮紅　掌碧玉琵琶一面　職調（「調」弦理曲）

多聞天王魔禮海　掌混元珍珠傘一把　職雨（下「雨」打傘）

持國天王魔禮壽　掌紫金龍花狐貂　職順（「順」着捋）

至此，四大天王就成為漢化了的護國安民、風調雨順的佛教天王，只是他們經過了脱胎換骨的改造，已經面目全非了。

（四）

韋馱天，與大肚彌勒佛背靠背，中隔板壁。他是佛寺的守護神，世稱韋馱菩薩。他的塑像，通常有兩種姿勢：一種是雙手合十，橫寶杵於兩腕，直挺挺地站立；一種是左手握杵拄地，右手叉腰，左足略向前立，有點像今天的稍息姿勢。他面向大雄寶殿，注視出入行人動向。這尊天神，恐怕從一開始就是由中國人創造的，起碼是在中國土地上降生的外國種。

首先，「韋馱天」這個專名來歷就不明，據說原來是室犍陀天（意譯「陰天」）的譯音訛略。而室犍陀天本是婆羅門教一位天神，在佛教中並無顯赫地位，很少出現。

韋馱天（托杵）

可是唐代高僧道宣夢見一位「韋將軍」，自稱是「諸天」之子，主領鬼神。在釋尊入涅槃前，敕令韋將軍在南瞻部洲（佛經中世界四大洲之一，中國在此洲）護持佛法。從此故事生發，說韋將軍是天人韋琨。並說，四大天王部下各有八將軍，合為三十二將。韋將軍是南天王部下八將軍之一，居三十二將之首。他童真即修梵行，面受佛囑，周統東、西、南三洲巡遊護法事宜，故稱「三洲感應」。不知何時，把他和「韋馱」混在一

古代南亞次大陸的戰神室犍陀天

起，成為一個神了。由於他以護法為事，所以又把密跡金剛的手持金剛杵護法的形象和他攪在一起，造出一些他守護伽藍的傳說來。於是，他的形象基本上固定下來：作中國青年武將狀，白臉或金臉，頂盔擐甲，稱為「童子面貌，將軍威儀」。手持金剛杵。此種杵為長條柳葉狀一字杵，次大陸的人沒有見過，出現於中國中古以後武術家的手中，美其名為「降魔杵」。中國小說中大力武將如哼哈二將用之，有膀子力氣的武俠如《三俠劍》中的孟金龍、賈明亦用之。佛殿鎮山門金剛也用之。它是中國化的杵。作為武器，中國杵遠比次大陸原型的金剛杵好使。

到了《封神演義》，更努力使韋馱徹底漢化。那位手使降魔杵後來投奔西方肉身成聖的韋護，就是韋馱的「溯本追源」式完全漢化造型。他的姓名「韋護」，想是從「韋馱護法」點化而來。《封神演義》中那兩句詩：「歷來多少修行客，獨爾全真第一人。」也是在以「全真」點明「童真梵行」。在向西方進行返派遣這一點上，中國小說家的創造性實在可驚。

儘管高僧和佛學家知道彌勒、四大天王、韋馱天等原來是誰，可是一般人包括近代的塑像工人在內，恐怕還是按《封神演義》、《西遊記》的描述去理解和塑造他們的。他們是中國的彌勒、四大天王和韋馱天。

（五）

哪吒是中國古典小說戲曲中塑造得十分光輝出色的一個文學藝術形象。前面已經介紹了他的出身由來。這個例子使我們悟到，佛教是如何將南亞次大陸神話經過改造和長途轉送到達中國。這些神隨着佛和菩薩經中亞向漢地轉徙，搬遷時免不了沾染一些西域風習。到達中原後，為適應扎根分蘖需要，隨時代發展逐步漢化。當然，也保存了一些本色。經過中國古代小說家盡情採擷，隨意變動，每每化腐朽為神奇，變舶來品鑵頭為伏地鮮貨，給中國小說增添了新的活力。可以說，若不借這點佛光，中國的小說，特別是神魔小說，必將減色不少。

我們更要看到另一方面，即，中國古代說書人和小說家的創造力實在大得驚人。他們往往只借一點因由，便生發開去，化化生生，幻出許多新穎奇特的人物圖像。他們借助於豐富的想像力，有時簡直像是超越了時代，具有某些近現代科學幻想小說家的預見。這些，特別在《西遊記》、《封神演義》兩部奇書中有充份的表現。哪吒，就是這樣的換骨脱胎一化身。

哪吒是中國神魔小說中塑造得成功的人物之一。他的原型是四大天王中北方毗沙門天王的三太子「那吒」，那是毫無疑問的。可是，關於那吒的原始記錄，實在既不多又不生動。《佛所行贊．生品》中說：「毗沙門天王生那羅鳩婆（又譯作『那吒俱伐羅』，簡稱『那吒』），一切諸天眾皆悉大歡喜。」乾巴巴的幾句而已。唐代鄭棨《開天傳信記》和《宋高僧傳．道宣傳》中有關於他的報道，但只說是位青年人，以護法為事。敦煌藏經洞中所出幾幅毗沙門天王圖，常見隨從多位，其中有青年人，可能是他，但難以指實。唐代的早期情況，不過如是。

可是，宋代普濟《五燈會元》卷二中為那吒特立專條，並簡介說：「那吒太子析肉還母，析骨還父，然後現本身，運大神力，為父母說法。」這就暗示有新的故事在出現。到了明初出版的《三教源流搜神大全》，卷七所載，名字已由「那吒」變成「哪吒」，故事也長多了，豐富多了，和《西遊記》第八十三回對哪吒出身的簡述差不多；《封神演義》第十二回到第十四回所述也大致如此，不過細節豐富生動多了。這三者究竟誰先誰後，誰影響誰，恐怕很難稽考了，說不定同出一祖。

還是看看小說家獨到的創造罷。哪吒身上，化洋歸土，脫胎換骨，而又點鐵成金之處，少說也有兩處。

一個是「蓮花化身」。它源出佛門，蓋無疑義，可是，中國小說家把它搞得非常具體而靈活得用。說具體，《三教源流搜神大全》中已頗見端倪，可是，《封神演義》又較之具體生動多了：

> 哪吒受了半年香煙（按：受香煙一段是《封神演義》獨有，引起後來戰李靖、李靖托塔等情節，環環入扣），已覺有些形聲。一時到了高山，至於洞府。金霞童兒引哪吒見太乙真人。真人曰：「你不在行宮接受香火，你又來這裏做甚麼？」哪吒跪訴前情：「被父親將泥身打碎，燒毀行宮。弟子無所依倚，只得來見師父，望祈憐救。」真人曰：「這就是李靖的不

是。他既還了父母骨肉，他在翠屏山上，與你何干！今使他不受香火，如何成得身體？況姜子牙下山已快，也罷，既為你，就與你做件好事……」叫金霞童兒：「把五蓮池中蓮花摘二枝，荷葉摘三個來。」童子忙忙取了荷葉蓮花，放於地下。真人將花勒下瓣兒，鋪成三才；又將荷葉梗兒折成三百骨節，三個荷葉，按上中下，按天地人。真人將一粒金丹放於居中，法用先天，氣運九轉，分離龍坎虎，綽住哪吒魂魄，望荷蓮裏一推，喝聲：「哪吒，不成人形更待何時！」只聽得響一聲，跳起一個人來：面如傅粉，唇似塗朱，眼運睛光，身長一丈六尺——此乃哪吒蓮花化身。（《封神演義》第十四回）

奇更奇在這蓮花化身靈活得用。你看他竟無三魂七魄，可又是個活生生的人，奇也不奇！因此，在戰場上獨有他大佔便宜。凡是用勾魂術的，如「呼名落馬」的張桂芳，鼻哼白光的鄭倫，頭頂現紅珠的丘引，手持招魂幡的法戒，祭起「四肢酥」的龍安吉，哪吒是天生的不懼。余化的化血刀見血封喉，哪吒受刀傷後也能延宕時辰。如此塑造人物，既在常人意想之外，又在神魔小説容許的情理之中，使人嘆為觀止矣。

哪吒腳踏的風火二輪也夠神的：

把腳一蹬，駕起風火二輪。只聽風火之聲，如飛雲掣電。（《封神演義》第十四回）

按，南亞次大陸古代貴族盛行用馬拉戰車作戰與狩獵，逐漸將戰車神化，認為它無堅不摧。單個的車輪，常作為這種神化的象徵物繪出，稱為「輪寶」。這輪寶是金屬製成，分金、銀、銅、鐵四種。當時各小國軍政領導合一的國王兼戰車部隊司令也嚮往神化了的「轉輪王」。據說此王能自天感得輪寶，轉動輪寶（似為手持轉動），降伏四方，是征服世界的大王。又說此王駕輪寶飛行空中，亦稱「飛行大帝」。佛教襲用其說，有四大轉輪聖王的說法。釋迦牟尼佛未出家前，其父希望他做世俗的轉輪王；成道後，轉法輪，成大法王，至今法輪常轉。那佛化了的車輪標幟，也定為世界佛協的會徽。可是，真正繼承了轉輪神話的精神，並把它發展改造得更加神乎其神的，還得算中國小說家。您看，兩腳各蹬一輪，那輪子自然發風冒火，自動開行，陸地空中兩用，每使對陣敵將為之喪膽。除了其威力可畏以外，敏感的讀者會掩卷沉思：哪吒非有雜技演員的超群輕功不可，不然，他腳踩不相連屬的兩隻輪子，又不斷前行，怎麼站得住！

筆者常想，發明自行車的人比發明汽車和火車的人更有天才，更富想像力。他需要克服常人認為無法做到因而不往那裏想的思想阻力。在文學領域中，風火輪更是一種基於現實與神話，而又發展了神話超乎現實的帶科學幻想意味的想像。當然，如前所述，蓮花化身及其功用的藝術構思，其想像更為新奇。真是匪夷所思。

五、大雄寶殿

（一）

天王殿再往北，就是正殿，俗稱「大殿」，正名「大雄寶殿」。這是供奉佛教締造者和最高層領導者——「佛」的大殿。大雄，是對佛的道德法力的尊稱，具體指的是佛有大力，能伏「五陰魔」、「煩惱魔」、「死魔」、「天子魔」等「四魔」。供奉的主要佛像稱為「本尊」（又稱主尊），但究竟供的是哪位

現存遼金時期最大佛殿——大同上華嚴寺的大雄寶殿。

佛呢？隨着各時代崇尚的發展變化和宗派之不同，出現了多種情況。單從主尊數字看，一般就有一、三、五、七尊四種。佛名尊稱計有釋迦牟尼佛、阿彌陀佛、藥師佛、彌勒佛、燃燈佛、毘盧遮那佛、盧舍那佛等多位。還有成組不可分的五方佛五尊，過去七佛七尊。

供一位主尊的，一般供奉的是佛教締造者釋尊即釋迦牟尼佛的像。常見的標準像均按「相好」塑繪，有三種典型姿態：

一種是結跏趺坐（俗稱盤腿打坐），左手橫放在左腳上，名為「定印」，表示禪定的意思；右手直伸下垂，名為「觸地印」，表示釋迦在成道以前，為了眾生犧牲自己，這一切唯有大地能夠證明，因為這些都是在大地上做的事。這種造像名為「成道相」，表現的是釋尊在菩提樹下成道的瞬間。

結跏趺坐的方式，也有講究：先把右腳腳心朝上壓在左大腿上，再把左腳如法照樣壓在右大腿上，這種坐法名為「降魔坐」，又稱「降伏坐」。反之，即先左腳後右腳的盤腿坐法，名為「吉祥坐」。

再一種亦是結跏趺坐，左手橫放在左腳上，右手向上屈指作環形，名為「說法印」，這是「說法相」。「說法相」表現釋尊在法會上說法開講時的瞬間。

神態莊嚴的「成道相」，象徵着釋尊慈悲濟世的精神。

釋迦牟尼佛的「制式」坐像就是上述兩種。

再有一種立像，左手下垂，右手屈臂向上伸，名為「旃檀佛像」。傳說釋迦在世時，優填王用旃檀木按照釋迦的形象雕成這樣的像。後來仿製的也叫做旃檀佛像。下垂手勢名「與願印」，表示能滿足眾生願望；上伸手勢名「施無畏印」，表示能解除眾生苦難。

大殿中的釋迦牟尼佛，典型姿勢就是這三種。一般身披通肩或袒右肩袈裟，手上絕不持任何物件。

前面已經講到，所有的佛，其形象都按釋迦牟尼佛造像的「相好」來塑造或描繪，最多是取消「頂髻」而已，所以「千佛一面」。那麼，如何區別這些佛呢？主要靠「印相」。印相，指各種佛像、菩薩像、諸天像、羅漢像空手時的手勢和身體姿勢以及持物時的姿勢與手持器具。在塑像和畫像中體現的，當然都是瞬間凝固態。

這種用手指的某種凝固形式來顯示一種狀態的做法，單從手的動作結構凝固形式來說，叫做「手印」。連同全身那凝固了的姿態以及所持物品，總稱為「印相」。它有點像京劇的「亮相」，又像為武術家練功或教師上課攝取某種典型姿勢相片。總之，它是顯示手和身體的某種凝固住的動作的公式化造型。這種定型化

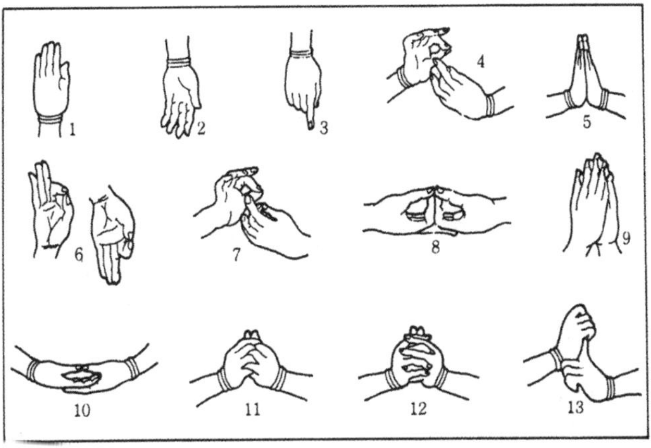

常見的手印：

1、施無畏印；2、與願印；3、觸地印；4、說法印；5、合掌印；6、安慰印；7、轉法輪印（即說法印）；8、彌陀定印（即上品上生印）；9、金剛合掌印；10、法界定印；11、內縛拳印；12、外縛拳印　13、智拳（智慧）印。

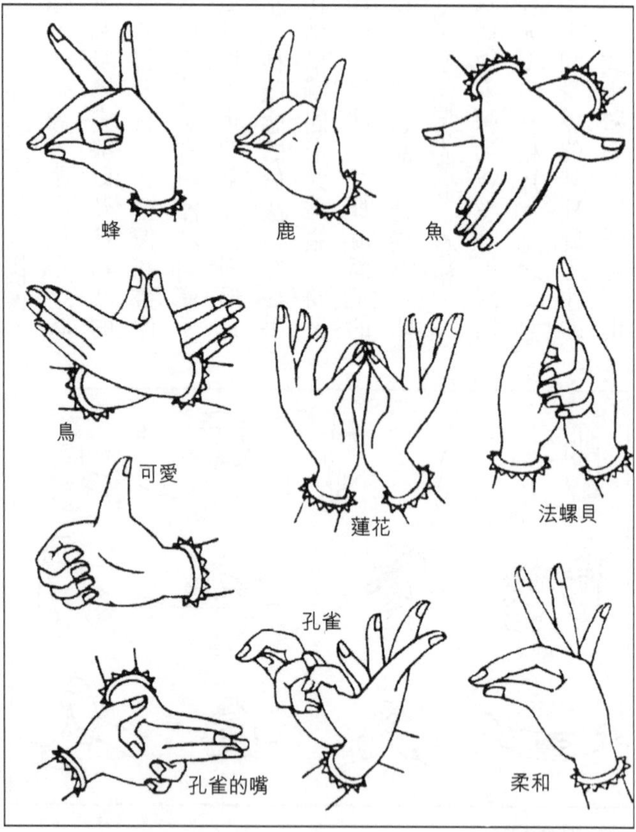

古代南亞次大陸舞蹈家的手勢。佛教的手印想必受到它的啓發。

的造型稱為「印」，而印的形相稱為「印相」。印相是標誌着「法界之性德」，即佛、菩薩等的工作情況、心理狀態和性格的，是如契約一樣不可改變的，故在這種意義上又稱為「印契」。佛教，特別是密宗，手印繁多，法寶不少，能出一本專門圖集。本書只能揀要緊的說。

因為手印在印相中最關緊要，所以給左右雙手和十指在印相中所具的代表作用都作了規定。列表如下：

左手（定手、理手、月手）						**右手（慧手、智手、日手）**				
1	2	3	4	5	內涵	5	4	3	2	1
大指	二指	中指	四指	小指		小指	四指	中指	二指	大指
智	力	願	方	慧	十度	檀	戒	忍	進	禪
空	風	火	水	地	五大	地	水	火	風	空
識	行	想	受	色	五蘊	色	受	想	行	識
輪	蓋	光	高	勝	五佛頂	勝	高	光	蓋	輪

以下略作解釋：

十度，即「十波羅蜜」。波羅蜜，全音譯為「波羅蜜多」，意譯「度」、「到彼岸」，意為從輪迴於生死的此岸到達涅槃解脱的彼岸。大乘佛教一般以六項修持內容為到達彼岸的方法或說途徑，稱為「六度」，它們是：佈施（音譯「檀」、「檀那」）；持戒（簡稱「戒」）；忍；精進（簡稱「進」）；定（禪那，簡稱「禪」）；智慧（般若，簡稱「慧」）。後來法相宗又擴展出「方便善巧」（簡稱「方」）、願、力、智。共成十度。

五大：佛教認為世界由地、水、火、風四大基本物質構成，再加空大，成為五大。最後「四大皆空」。它是佛教對物質世界構成的基本認識。

五蘊：蘊是意譯，有「積聚、類別」之義。共分五類。其中色蘊是物質世界的顯現；其餘四蘊為受蘊（對物質世界的感受）、想蘊（思想，考慮問題）、行蘊（受外界影響而行動）、識蘊（把受、想、行所得集合在一起，形成哲理性思維），屬於個人精神世界思想行動範疇。

五佛頂是密宗所傳釋迦牟尼佛頭頂上現出的五尊佛，即金輪（輪）、白傘（蓋）、光聚（光）、高、勝五佛。

這些都不必深究，只在研究佛手的時候，拿着表格對照揣摩其含義也就是了。

必須說明：手印是指全手手勢，有時還得連着上臂下臂姿勢看。更有雙手的組合。單看一指是看不出所以然的。以上所述，只不過是給愛尋根究底的讀者說說，組合時（像詞聯成詞組和句子）其最小單位某一手指顯示的初始含義是甚麼而已。要看出從印相中顯示的是哪位佛、菩薩、天神、羅漢，得結合着手印、持物、身姿、四周環境陪襯等仔細端詳。為此，本書中此後講印相，涉及面較寬。

佛像安置於台座上，一般為「蓮華座」，即作蓮花形的台座。也有方形的，象徵須彌山，稱為「須彌座」。講究的大殿佛像台座，常為蓮華座下以須彌座為台基。「蓮華座」是「蓮華藏世界」的象徵。這個「世界」是諸佛「報身」所居的「淨土」。這種淨土由「寶蓮華」構成，故名。有關「蓮華」、「報身」、「淨土」等詞語含義，下面將有解釋，這裏先說到此為止。至於「須彌座」，在中國建築的營造法則中，逐漸成為高級建築外部下層台基的定式做法，不限於佛殿內部台座。當然，佛殿台座帶有自己的特色。其制式為多層煞腰台座，腰部常雕繪各種鬼神力士。

佛像後一般安置光背，以象徵佛的身光。光背常做成極為華麗的葉形屏風狀，還可細分為項光（俗稱「頭光」）、身光等層次。

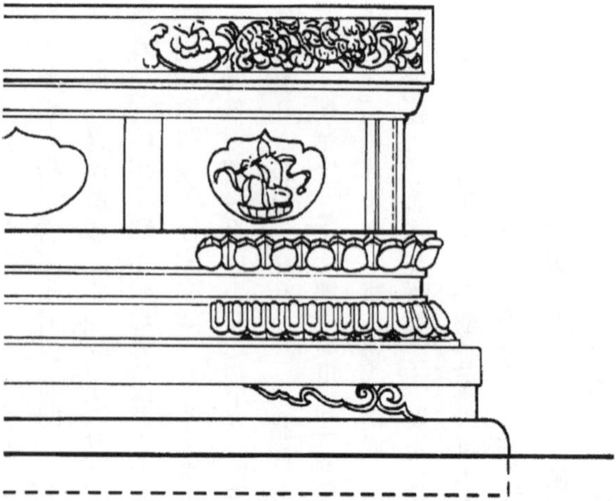

宋式須彌座

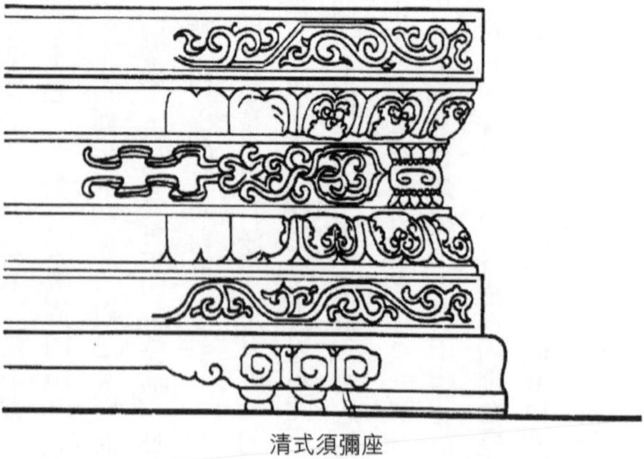

清式須彌座

不同時代的須彌座，從中可略見中國建築藝術的演變。

項光常為圓形，簡單的畫圖在頭外畫個圓圈就是。身光，簡單的也是在身兩旁或身後畫或塑出曲線來就成了。但塑像後屏風狀項光加背光常華麗繁縟，講究很多，時代風格各異，也能編出一本圖集來。

只有佛和高級有名號的菩薩（特別在其不做脅侍而單獨供奉時）才項光、身光齊備。一般說來，羅漢、諸天、級別低的菩薩（如供養菩薩）都只有項光而無身光。個別簡單畫像中連該有身光的都可略去而單存項光，但亂加身光給資格不夠者是不行的。

（二）

淨土宗的寺院中，也有在大殿裏供阿彌陀佛的。阿彌陀佛是音譯。意譯是「無量壽佛」。他是「西方極樂世界」的教主，能接引念佛的人往生「西方淨土」，所以又名「接引佛」。

在此，得把幾個佛教術語「淨土」、「極樂世界」、「接引」等說一說。

佛教認為，從時間角度看，遷流不斷的社會裏，萬物都在流轉之中，以「現

在淨土宗的寺院大殿內被奉為主尊的阿彌陀佛像。淨土宗是漢化佛教的一派，影響極大，自宋以後，凡禪宗、天台宗、華嚴宗、律宗學者，無不兼習淨土。初祖晉朝慧遠，首創蓮社，故亦名蓮宗。

在」為基點，可分為現在、過去、未來三「世」。從空間角度看，社會萬物都在十方（十個方位）中活動，這十方就是東西南北、東北西北東南西南、上下，合為「界」。社會萬物活動，同時佔有時間與空間，是名「世界」。宇宙間有無數世界。具體地說，我們所居的世界，是以須彌山為中心，以鐵圍山為外郭，在同一個太陽和月亮的照耀下，分為四天下。這是一個「小世界」。一千個小世界為一個「小千世界」；一千個小千世界為一個「中千世界」；一千個中千世界為一個「大千世界」。大千世界中包括小中大三種「千世界」，故稱「三千大千世界」，以定數代不定數，它就代表了宇宙間無數世界。從佛教的觀點看，世俗眾生所住的世界骯髒污濁不堪，稱為「穢土」、「穢國」。與之相對的是佛所居的世界，是為「淨土」、「佛國」。大乘佛教說有無數佛，故有無數淨土。信佛修行，最終目的就是在死後脫離穢土，往生淨土。

淨土雖多，最著稱的，最為信士嚮往的，還是阿彌陀佛所居的西方淨土。此淨土稱為「極樂世界」，是意譯，音譯是「須摩提」。據說此世界中以阿彌陀佛為首，常為眾生說法。生活在其中的萬物無有眾苦，但受諸樂，故名「極樂」。阿彌陀佛最為慈悲濟世，不斷接引信士往生此淨土。據漢化佛教影響最大的宗派淨土宗

淨土宗發源地廬山東林寺，山門大書「南無阿彌陀佛」名號。南無（namo），梵語，表示恭敬。意為敬禮。原形為 namas。今印地語中猶稱 namaste，意為「向你敬禮」。

的說法，只要信仰阿彌陀佛，並不斷稱念阿彌陀佛名號，死後阿彌陀佛就「來迎」「接引」，「往生」於極樂世界。因其方法簡便易行，而且效果明顯，雖然死無對證，受麻醉求安慰的芸芸眾生也趨之若鶩。以至到了現在，在漢化寺院中，就是對着別的佛，包括祖師爺釋迦牟尼佛，信徒七眾口中還是念的「阿彌陀佛」。

關於極樂世界即西方淨土的情況，《阿彌陀經》、《觀無量壽經》等有細緻描述。佛殿中一般據此二經以大幅壁畫表現之，這種壁畫稱為「經變」，它的意思是：壁畫是佛經的「變現」或「變相」，也就是把經文中的故事變為圖像。

西方淨土變大都是據《阿彌陀經》畫的，所以也叫阿彌陀淨土變。但也有一些是據《觀無量壽經》畫的，簡稱觀經變。總之二者都是描繪佛所居的西方極樂世界的情景的。這個世界據說是莊嚴皎潔，沒有五濁煩惱；表現在畫面上是阿彌陀佛端坐在中間的蓮座上，左右是脅侍觀音勢至二大菩薩，圍繞這三位的是無數眷屬聖眾，包括羅漢、護法的天王神將、夜叉力士和許許多多的供養菩薩。佛的座前是一部伎樂。舞者在中央，或獨舞，或對舞。敦煌莫高窟唐代壁畫中著名的反彈琵琶樂伎就常充任中央獨舞的角色。應該指出，反彈的琵琶只是舞蹈家的道具，沒法彈奏。真正的樂隊在其兩側，多至數十人，樂器各異。再前面則是寶池蓮花，有種種奇妙雜色之鳥。佛的身後則是菩提雙樹，樓台殿閣，虛欄相連。上面彩雲繚繞，飛天飄舞，並有遠山雜樹。整個畫面以阿彌陀佛為中心，構成花團錦簇似的，富麗莊嚴、氣象萬千的極樂天國。這實際上是地上貴族生活的昇華。畫面中阿彌陀佛和菩薩及其部眾軀體比例的大小和地位的不可逾越，表現了嚴格的古代社會的等級觀念；樂舞的場面，是中國中古盛大歌舞會演通過藝術加工的曲折再現。樓台殿閣也是按照漢家宮闕塑造出來的。這種經變畫在唐代基本定型，近現代佛寺中所繪，是帶有宋、明氣息的仿製品。

統治者生前享盡榮華，死後還想登升極樂世界；廣大勞苦大眾在現實生活中忍受壓迫和痛苦，不得不把美好的生活願望，寄託在死後和來生的渺茫的信仰中。西方淨土變就在這樣的條件下大大興盛了起來。這個「天上、人間」的交響樂章，當時曾震撼了多少人的心弦。

這種大型經變畫，除了極樂世界西方淨土外，常見的還有東方藥師淨土和彌勒淨土，以下分述。在此要插說的是，佛以蓮華（蓮花）喻妙法，各種淨土均稱蓮華藏世界，又稱蓮華國。佛菩薩在此中的日常座位（常座）就是蓮華台。淨土，特別是西方淨土和彌勒淨土，以蓮華為眾生往生之依託。蓮華在佛教中佔十分重要的地位，以至佛寺別稱「蓮剎」，以喻西方淨土所在，因此，把蓮華說一說。

南亞次大陸的蓮花，是一種「睡蓮」，葉子是橢圓形的，與中國的荷花（葉子是圓形）不是一種。次大陸早期神話中，就把這種睡蓮看得非常神聖。大神毗濕奴（遍入天）就站或坐在盛開的蓮華瓣中，有時也手持蓮華。大梵天也高坐於蓮台之上，有的神話說他是從開放在毗濕奴肚臍上的蓮華中生出來的。佛教採擷了這朵鮮花，讓它開放得更為神奇。大致說，佛經中提到的蓮華有如下四種：

音加意譯為「鉢頭摩華」的，意譯為「紅蓮華」，簡稱「紅蓮」。

音加意譯為「優鉢羅華」的，意譯為「青蓮華」，簡稱「青蓮」。

音加意譯為「拘勿頭華」的。此花，有說是黃色的，有說是紅和白兩種色的。

音加意譯為「芬陀利華」的，意譯為「白蓮華」，簡稱「白蓮」。此種華最貴重，是蓮華的總代表。

此外，還有一種「泥盧鉢羅華」，據說也是青蓮之一種。

還有，據《觀無量壽經》說，信徒命終時，阿彌陀佛與其諸眷屬（即阿彌陀佛的部下）持金蓮華，化作五百化佛來迎。金蓮華簡稱「金蓮」。

中國人對睡蓮不熟悉，漢化寺院中塑繪的全是中國土生土長的荷花。好在佛教

單憑「出淤泥而不染」這一點，蓮花已贏得西方佛國與中土眾生的欣賞、垂青。

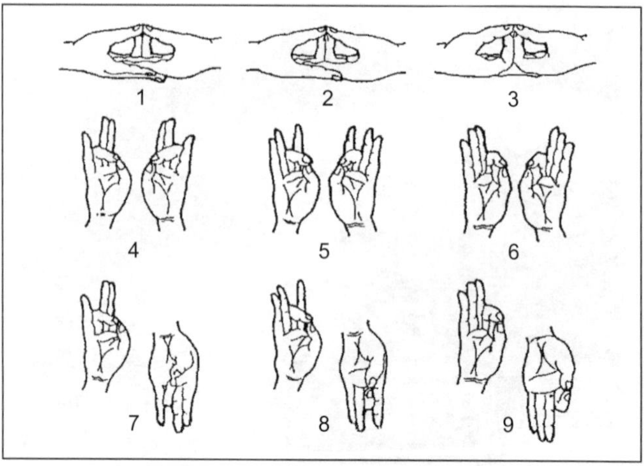

九品手印圖：

1、下品上生　2、中品上生　3、上品上生
4、下品中生　5、中品中生　6、上品中生
7、下品下生　8、中品下生　9、上品下生

看中此花的是「出淤泥而不染」，中國荷花在這方面的造詣絕不比次大陸睡蓮差，充任代理殆無愧色也。

現在，讓我們再回到阿彌陀佛身邊來看。在大殿中供奉為主尊時，阿彌陀佛常顯示的典型印相有兩種。一種作接引姿勢：右手垂下，作與願印；左手當胸，掌中有金蓮台。也有雙手捧金蓮台的。這個金蓮華台座就是眾生往生極樂世界後的座位。淨土宗將它分成九等，稱為「九品蓮台」。往生的眾生，可以按念佛的「功行」深淺，按品「依託」。

這種按「上上、上中、上下，中上、中中、中下，下上、下中、下下」的九品排列法，顯然是中國的玩意兒。西漢「九品論人」，《漢書．古今人表》中有明確反映。魏晉「九品官人」成為定法。直到清朝，官員品階還是九品（但係一至九又分正從的十八級）。算命抽籤也是按九級。可見此法在中國源遠流長。

要是不托金蓮台，阿彌陀佛就用雙手作出「上品上生」以至「下品下生」等九種手印。作某種手印，就是對往生者說明：他來生入九品中哪一品。這九種手印請參看附圖說明。在大雄寶殿上，阿彌陀佛永遠作兩手交叉、兩大指對頂的上品上生手印。來燒香的誰都願意取得最高席位，為了以廣招徠，阿彌陀佛也只好這樣辦了。也有同時塑九尊像各出一品中一生手印的，如四川大足石刻中就有。但須配以往生連環畫式輔助說明圖，簡介哪種人才配生哪一品哪一生，以對芸芸眾生誡示。

（三）

供三尊佛為主尊的，叫「三佛同殿」，情況比較複雜，有多種安排方式。這一節先談談「橫三世佛」和「豎三世佛」。

先說「橫三世佛」。這裏的「世」，指三個空間世界。以其同時存在，故名「橫三世」。在殿中的安排是：

正中為娑婆世界的釋迦牟尼佛。脅侍為文殊、普賢兩菩薩。

左側為東方淨琉璃世界的藥師佛。脅侍為日光、月光兩菩薩。漢化佛教的藥師佛的典型形象是左手持鉢內盛甘露，右手持藥丸。

右側為西方極樂世界的阿彌陀佛。脅侍為觀世音、大勢至兩菩薩。阿彌陀佛掌中有蓮台。

釋迦牟尼佛、阿彌陀佛兩位

蘇州西園寺大雄寶殿上的橫三世佛與並立着的諸尊侍者

藥師佛法相

佛，前面已講過，下面單說說藥師佛。

藥師佛是意譯，全稱「藥師琉璃光如來」，亦稱「大醫王佛」、「醫王善逝」等，是「東方淨琉璃世界」的教主。《藥師經》中稱他曾經發過十二大願，要滿足眾生一切願望，拔除眾生一切痛苦。「十二大願」是經中所指的對來生的十二種美好的願望，如得種種上妙衣服，鼓樂眾伎，隨心所欲；上妙飲食，飽足其身；解脱刑戮牢獄一切憂苦；轉女成男；眾病悉除；端正聰慧；不墜惡趣等等。

藥師佛的淨土稱「東方藥師淨土」，也常畫成經變，它的構圖基本和西方淨土相同。

由於藥師佛有起死回生之力，所以信仰者祈願者就特別多，有特設診所的必要。因此除大雄寶殿上供他外，常為他單設一「藥師殿」（俗稱「藥王殿」）供奉，除脅侍日光、月光兩菩薩外，旁侍「藥師十二神將」。這十二員大將全都頂盔擐甲手持武器，按十二地支生肖配合晝夜十二時辰輪流值班。十二生肖往往在頭盔上顯現。列表如下：

神名	身色	武器	時辰
宮毗羅	黃	寶杵	子
伐哲羅	白	寶劍	丑
迷企羅	黃	寶棍	寅
安底羅	綠	寶錘	卯
摩尼羅	紅	寶叉	辰
珊底羅	褐	寶劍	巳
因達羅	紅	寶棍	午
波夷羅	紅	寶錘	未
摩虎羅	白	寶斧	申
真達羅	黃	寶索	酉
招杜羅	青	寶錘	戌
毗伽羅	紅	寶輪	亥

這些神將不見於大雄寶殿。

再說「豎三世佛」。

「豎三世佛」的「世」，指因果輪迴遷流不斷的個體一生中存在的時間。三世，即過去（前世、前生）、現在（現世、現生）、未來（來世、來生）三世。以其在時間上是相連續的，故俗稱「豎三世」。在殿中的安排是：

正中為現在佛，即釋迦牟尼佛。

左側為過去佛，即燃燈佛。這個佛名是意譯，一譯「錠光」。佛經說他生時身邊一切光明如燈，因此得名。並說釋迦牟尼未成佛時，燃燈佛曾為他「授記」（預言將來成佛的事）。從輩分上說，他是釋迦的老師，所以算過去佛。他的像常作法界定印姿態。

右側為未來佛，即彌勒佛。從尊師重教衣鉢相傳的觀點看，這三位佛是太老師、老師、學生三代同堂。

除此以外，對以上幾位佛，除燃燈佛外，三佛同殿還有另外兩種搭配方式，即：釋迦牟尼佛、阿彌陀佛、彌勒佛三佛同殿的，另有釋迦、藥師、彌勒同殿的。其中彌勒的脅侍常為無着、天親兩菩薩。以上兩種三佛同殿的安排，近世少見。

在此略說說無着與天親。佛教的菩薩每如《紅樓夢》第五十回「暖香塢雅制春燈謎」：「『觀音未有世家傳』，打四書一句。」謎底是「雖善無徵」。不僅觀音，四大菩薩的生平都在虛無縹緲間，很難稽考。南亞次大陸的古代神話和早期佛教中不見他們的影蹤。倒是在中國，有關他們的靈異傳說愈來愈多，而且自立道場，定居漢化，臻於極盛，東傳日本、朝鮮。他們與中國人香火緣深。無着與天親卻與以上大名鼎鼎的菩薩剛好成反比：這二位實有其人，對佛教理論貢獻頗大，只是在華香火冷落，知音不多。

無着又作「無著」，音譯「阿僧伽」；天親又作「世親」，音譯「婆藪槃豆」、「伐蘇畔度」等。據說是親兄弟（另有一小弟，名行不顯），公元四五世紀間南亞次大陸大乘佛教瑜伽行派的兩位主要創始人。瑜伽是音譯，意為「相應」，即與外界事物相順應。有五種相應。現代練瑜伽功的是一種與大自然順應的方法。瑜伽理論的主要內涵則是：修行的整個目的，就是用佛教的（該宗派的）世界觀取代世俗的世界觀。這一派把佛教理論深入化和精密化，並發展了佛教邏輯「因明學」的方法。公元五六世紀後，該派以那爛陀寺「大學」為中心，培養出許多大學者，成為「唯識論」的大本營。中國高僧玄奘主要傳譯的就是這一派的新發展出的「唯識今

西安興教寺內玄奘碑的拓本。興教寺，唐高宗時為遷葬玄奘遺骨而建，千餘年香火不絕。

學」部份。其根本論述是《瑜伽師地論》（亦稱《十七地論》），傳說是彌勒口述，實為無着、天親及其弟子所傳。佛教史研究者中有人推測彌勒如釋尊一般，實有其人，雖不見得是「聲聞」，卻可能是瑜伽行派理論早期的創始人。但這事已很難稽考，講瑜伽理論還得從無着、天親算起。佛殿中以此二位「菩薩」為彌勒脅侍，非無因也。

可是，無着、天親在廣大信徒中終究默默無聞，只有研究佛教理論和歷史的學者對他們才有較深入的了解。可見，高深繁縟的理論並不適宜作廣泛深入人心的傳播。簡單的幾條政綱口號，答應滿足大眾最迫切的願望才容易獲取皈依。觀音、地藏、彌勒、藥師佛，他們的知名度高就靠着這些。文殊就有點越來越靠邊，得讓觀音居正座。更不用提學者氣很濃的無着與天親了。再拿玄奘來說，在中國和世界上知名度極高。但他譯的經今雖具存，讀者不多。他創始的佛教中國宗派法相宗，理論水平極高，但數傳而絕，若斷若續。學者們常利用的還是《大唐西域記》，一般人卻是從《西遊記》小說等來錯誤地認識他的。哀哉！

（四）

現在來説説另一種「三佛同殿」，即供「三身佛」。三身，指三種佛身，有多種説法。供三身佛則多據天台宗的説法：一為「法身」，指佛從先天就具

據天台宗的説法而塑造的三身佛。天台宗是佛教的一派，亦名法華宗，以《法華經》為根本，由隋代僧人智顗所創，以其居於天台山，故名。

毘盧遮那佛是「三身佛」的中尊，也是「五方佛」的中尊。

有的將佛法（佛教認為是絕對真理）體現於自身的佛身，也就是體現了佛法的佛本身。二為「報身」，指以法身為「因」（有「基礎、根據、泉源」等義），經過修習而獲得佛果之身。三為「應身」，指佛為度脫世間眾生需要而現之身，特指釋迦牟尼之生身。打個不貼切的比喻：法身像有似「領導者的標準像」，報身像有似貼在博士學位證書上的像，應身像有似貼在工作證上的像。

供三身佛的，多據上述教義安排：

中尊為「法身佛」，名「毘盧遮那佛」。

左尊為「報身佛」，名「盧舍那佛」。

右尊為「應身佛」，即是釋迦牟尼佛。

「毘盧遮那」和「盧舍那」都是梵文 Vairocana 的音譯，後者是前者的簡稱。竟而一佛化成二佛。這種變化無方之事在佛教傳說中極多，三身佛的說法則是天台宗提出來的。密宗則最崇敬毘盧遮那佛，意譯之為「大日如來」，認為是理智不二的法身佛。

這三位佛同殿時，形相全同，都按「相好」來塑。區別在於印相。

（五）

供五佛的多見於宋、遼古剎遺構中，如大同華嚴寺、泉州開元寺等處。這五佛通稱東南西北中五方佛，又名五智如來，大致屬密宗系統。其安排是：

正中為法身佛，即毘盧遮那佛。

左手第一位為南方寶生佛，表福德。

左手第二位為東方阿閦佛，表覺性。

右手第一位為西方阿彌陀佛，表智慧。

右手第二位為北方不空成就佛，表事業。

有的寺院另設「毘盧殿（閣）」或「千佛殿（閣）」以安設這「五智如來」。

泉州開元寺大殿高達五米的五方佛。相傳建殿時，有紫雲蓋地，因名紫雲大殿。大殿立石柱近百根，故別稱石柱殿。

常是在通貫上下的兩層殿閣正中立一腰鼓狀的「金剛界」，上面滿佈浮雕小千佛。在其頂端正中高大蓮花座上坐着大型雕像毘盧遮那佛，面向殿門。比這略小略矮些，在面向四方的四個蓮花座上，坐着那東西南北四方佛，雕像略小些。這四方四位佛又稱「金剛界四佛」。

按密宗的説法，除「金剛界四佛」外，還有「胎藏界四佛」，他們是：

寶幢佛。

開敷華王佛。

無量壽佛（阿彌陀佛）。

天鼓雷音佛。

這四佛在近現代寺院中少見。只

是在某些寺院中有密宗的「金剛界曼荼羅」和「胎藏界曼荼羅」的圖像，多為卷軸畫，不常掛出，有時也繪成壁畫。曼荼羅是音譯，意譯「壇」、「壇場」，是密宗修「秘法」時所建壇場的圖畫表現形式。它是圓形或方形的圖，主尊像畫在中心，諸尊像環繞主尊像分成幾層排列。其中分別繪有金剛界或胎藏界四佛。

也有在大殿中供七位主尊的，供的是「過去七佛」。供七佛的甚少，典型的在遼寧省義縣奉國寺大殿。據《長阿含經》卷一載，釋迦牟尼前有六佛：毗婆尸佛、尸棄佛、毗舍婆佛、拘樓孫佛、拘那含佛、迦葉佛，

山西交城玄中寺的七佛殿。相傳玄中寺是北魏高僧曇鸞所建，迄今已有一千五百多年歷史。

加上釋迦牟尼佛，通稱「過去七佛」。奉國寺所供即此。

有的淨土宗的廟，由於在大殿中供的主尊是阿彌陀佛，只好把包括釋迦牟尼佛在內的七佛另立七佛殿供奉，以表示不忘佛教締造淵源。如，山西省交城縣石壁山玄中寺是淨土宗開基大寺，就是在大殿之外另立七佛殿的。從某種意義上說，這種七佛殿可視為第二大殿。

(六)

在大雄寶殿中，環繞主尊的群像配置大致可分三類：主尊兩側，常有「脅侍」，即左右近侍。釋迦牟尼佛的近侍，一種配置是老「迦葉」、少「阿難」兩大弟子。另一種是兩位菩薩。更有兩弟子、兩菩薩並侍的。別的佛脅侍常為兩位菩薩。還有加上天王、力士的。這樣的一組群像，通稱「一鋪」。一般有三尊（佛加兩弟子或兩菩薩）、五尊（佛、弟子、菩薩）、七尊（再加兩天王）、九尊（再加兩力士）等多種配置。近代寺院中常用三尊一組的配置法，或僅供主尊。

殿內東西兩側，近世多塑十八羅漢像。個別也有塑「二十諸天」像的。

敦煌莫高窟的唐塑「阿難」。

佛壇背後常塑一堂「海島觀音」，或僅供一菩薩像（多為觀音或文殊）。

有關以上情況的具體說明另述。

此外，在早期北朝石窟等造像中，常見釋迦牟尼佛與多寶佛共坐於多寶塔內的雕像，俗稱「二佛同塔」。關於二佛同塔，有一個著名的故事：據說，釋尊在靈鷲山說《法華經》，說罷其中要點精華，忽然從地裏湧出一個巨大的寶塔，懸在空中。這個寶塔由七寶鑲嵌而成，故名七寶塔，又稱多寶塔。塔中有一位多寶佛，他原來是東方寶淨世界的佛，涅槃後全身入塔。這時，他從寶塔中發出大音聲，讚美釋尊說《法華經》的功德。多寶佛還把自己在塔中的座位分出一半來，請釋尊同坐，這叫「二佛並坐」：多寶佛是法身佛，表示定學；釋尊是報身佛，表示慧學。二佛同塔並坐，表示法報不二，定慧如一。在中國早期佛教藝術中，因為以塔為中心，所以二佛同塔的雕像等甚多，如現存的唐代以前石窟中就常見這種像。近現代以殿堂為中心，二佛同塔並坐的像很難在殿堂內塑出，所以，除了在壁畫和畫像中有表現外，就只能到塔上所附的雕塑中去找了。

在大殿或法堂中，常有壁畫千佛像或陳列在階梯形台座上的小型千佛塑像，以顯示法會中眾佛聽法。有時還特建千佛閣或「萬佛閣」，這種閣常與藏經閣結合在一起，象徵聽法讀經。如，北京智化寺如來殿分上下兩層，上層三間，牆周遍佈佛龕，內有佛塑像近萬尊，就是個典型的例子。

所謂千佛，指的是：

過去莊嚴劫千佛；

現在賢劫千佛；

未來星宿劫千佛。

這三世千佛，每個佛都有名號。因為釋迦牟尼佛被安排為現在劫的第四佛，所以賢劫千佛尤為著名。經常塑繪的就是賢劫千佛。但在早期的大佛殿或大石窟內，也常把三千佛同時繪出，並在每個佛旁邊的榜題上註上名號，如，敦煌莫高窟第二五四窟就殘留有這種遺蹟。必須說明，佛的名號雖然各不相同，形象可是基本一

玄中寺的千佛閣鐵佛，分成七層，結跏趺坐，整齊有序。

致，有時可以用模製的方法塑造，或用捺印的方法代替繪製，藝術性不一定很高。不過，千佛群聚殿堂中，從四壁環拱主尊，看來顯得氣勢雄偉，總體上的藝術效果並不差。同時，給人以「領袖在群眾中」的感覺。

更有一種「人中佛」，近現代寺院中不見供奉，只見於早期的石窟大塑像，如雲岡第十八洞主尊即是。它的特點是在佛的法衣上繪有小佛像，甚至六道輪迴像，所以，「人中佛」的意思，大致是「在人們中間的佛」，這個「人」是廣義的，包括佛、神、人、鬼等形象。這種大佛大致都是盧舍那佛。看來，這種安排也隱寓有「領袖在群眾中」的意思。從唐代以降，造塔、造大像並以其為中心的做法，逐漸變成以殿堂為中心，殿堂內有大量的空間可供塑畫千佛，六道輪迴圖也可以有地方單獨陳列，所以人中佛像從唐末就基本上消失了。因為從某種角度上看，它和安置千佛像的主導思想有某些相似之處，所以也在這裏順便提一提。

（七）

大雄寶殿兩旁常有東西配殿。東配殿一般是伽藍殿，西配殿一般是祖師殿。

1、伽藍殿

此處的伽藍特指「祇樹給孤獨園」。

伽藍殿正中供的是波斯匿王，左方是祇陀太子，右方是給孤獨長者，以紀念這三位最早護持佛法建立伽藍的善士。殿內兩側常供十八位伽藍神，他們是寺院的守護神。據《釋氏要覽》卷上，他們的名字是美音、梵音、天鼓、嘆妙、嘆美、摩妙、雷音、師子、妙嘆、梵響、人音、佛奴、頌德、廣目、妙眼、徹聽、徹視、遍視。他們各有生平，有些是古代南亞次大陸神話傳說中的小神，後來被佛教接收改造。至於漢化寺院中所塑，相當中國化，更失其本真。此外，還有加供關公（關羽）的。根據隋代名僧智顗所云白日見關公顯聖而建立玉泉寺的傳說，關公也算是伽藍神。但他究竟是漢族，與外來戶不好安排在一起，所以常在殿中另作一小龕供奉。

此外，在有些開間很大綽有餘裕的大雄寶殿中，如杭州靈隱寺大雄寶殿，就把韋馱和關帝請入，各立一小龕中，分置殿中左右廂，稱為「殿中護法」。

有的廟，為了使關聖帝君殿中護法下班後有個歇息處，還另設關帝殿。左右脅侍自然是關平周倉，連赤兔馬及青龍偃月刀一概俱全。兩壁常繪「桃園結義」、「秉燭觀書（看《春秋》）」、「水淹七軍」、「古城會」之類壁畫，儼然是半部《三國演義》圖釋。那可是完全漢化的殿堂。

2、祖師殿

西配殿是祖師殿。多屬禪宗系統，為紀念該宗奠基人（祖師）而建。

達摩一葦渡江，給中土帶來了禪宗理論。

慧能提倡「頓悟」，普度眾生，使禪宗成為風靡天下的佛學。

正中供禪宗初祖達摩禪師（？—五二八）。他是禪宗理論的輸入者。左側供六祖慧能禪師（六三八—七一三）。他是禪宗的實際創立者。右側供百丈禪師（七二零—八一四）。他法名懷海，在洪州百丈山創禪院，故稱百丈禪師。他是禪宗清規的制定者。

有些非正規禪宗寺院，也有不供慧能而供馬祖的。馬祖姓馬，名道一，尊稱「馬祖道一」。他是唐代僧人，初為禪宗，後在今福建江西一帶地區建山嶽叢林，初立寺規，自立「洪州宗」，徒眾甚多，百丈懷海就是他的嫡傳弟子。

下面，再把法堂說一說。

大殿之後為法堂，亦稱講堂，是演說佛法皈戒集會之處，在佛寺中是僅次於大殿的主要建築。法堂的特點是：除一般性的安置佛像外，首先，堂中設法座。法座就是一個上置座椅的高台，供演說佛法之用。法座後掛象徵釋迦說法傳道的圖像。法座之前置講台，台上供小佛坐像以象徵聽法諸佛。下設香案。兩側列置聽法席。其次，堂中設鐘、鼓，左鐘右鼓，上堂說法時擊鐘鳴鼓。有的法堂設二鼓，居東北角的稱法鼓，西北角的稱茶鼓。

有些佛寺沒有法堂，則可在其他殿堂說法。如，在大雄寶殿中安設臨時性法座，即可作說法用。

（八）

寺院殿堂佈置，除塑像、壁畫外，還有比較固定的各種家具陳設。這種陳設，以在大雄寶殿中安置的為最多最全，最有代表性。因此，附在這裏說一說。但其安置處不限於大雄寶殿，這是需要預先說明的。

先說「莊嚴」。莊嚴是美盛華麗的裝飾物。佛殿的莊嚴，主要是寶蓋、幢、幡、歡門。

寶蓋，又名華蓋、天蓋。是由古代王者出行時上覆的圓平頂傘狀物衍化而來的。罩於佛像之上，「佛行即行，佛住即住」。木製、金屬製、絲織品製的都有。

幢，本為一種手持的柱狀上有平頂垂長流蘇絛子的物體，又稱寶幢。佛教以為佛、菩薩的莊嚴標幟。一般用絲織品或棉布製成。幢身周圍置八個十個間隔，下附四條垂帛。上面或繡佛像，或施彩畫。根據《觀無量壽經》的說法，應有四柱寶幢。故今每一佛之前多置四幢，或把四幢分置於寶蓋四角。

幡，又稱勝幡，是長條狀物。幡上一般只能寫經文。幡應佈列於佛壇四周，多少不限。

歡門，是懸於佛前的大縵帳。上面常以彩絲繡成飛天、蓮花、瑞獸珍禽、奇花異卉，是一種手工藝品。一般兩側垂幡，故又稱為幡門。歡門前常當空懸掛供佛琉璃燈一盞，稱為「長明燈」。

再說供具。供具又稱供物，指供養佛與菩薩用的物品。正規的供具有六類：花、塗香、水、燒香、飯食、燈明，依次表示佈施、持戒、忍辱、精進、禪定、智慧等「六度」。一般俗稱的供具，則具體指供設以上六類物品的器具。其中最常用的是香爐一個，花瓶、燭台各一對，稱為「三具足」（按種類為三）或「五具足」（按個數為五）。這是放在長條供奉香案上的。香案後設方形如方桌狀的供台，安置上述六類表「六度」的供具。供台四周用絲繡桌帷掩覆。供台前每另設一方形小香几，几上放紫檀木香盤，上置一個小香爐兩個香盒，香盒各盛檀香和末香。盤前掛一個絲繡紅底小幃。除上述桌上用的燭台以外，地上左右分置一對長檠，其高度在五尺至八尺之間，約當普通一人到一人半高。上安木盞，供點燃大蠟燭用。這種檠，檠身多用粗壯的好木料製成，常施繁縟的雕刻或彩繪。如，有的能在兩根檠柱上雕出全部善才五十三參故事來。所以，它是一種高級工藝品。

六、菩薩

（一）

梵文音譯「菩提薩埵」，略稱「菩薩」。意譯「覺有情」、「道眾生」、「道心眾生」。還有譯為開士、始士、聖士、超士、無雙、法臣、大聖、大士的。所以一般人常稱菩薩為「大士」。菩薩，在佛教中是僅次於佛一等的。據說釋迦牟尼未成佛時，就曾以菩薩為稱號。

據佛經說，菩薩可穿出家僧衣，也可作在家裝束。可是佛教傳來中國後，穿僧衣的菩薩甚少。菩薩的形象與裝束，唐代開始基本定型。大致是面作女相。為了不違反佛教中菩薩變相「非男非女」——應該說明，據佛經，一般菩薩都是「善男子」出身——的通俗性說法，常常畫出蝌蚪形小髭，北宋以後小髭取消。圓盤臉（宋代以後變長），長而彎的翠眉，鳳目微張，櫻桃小口。高髻或垂鬟髻，多出來的長髮垂在肩上，戴寶冠。上身赤裸或斜披天衣（北宋後穿上帶袖天衣，但仍常袒胸），有帔巾，膚色潤澤、瑩潔、白皙。戴項飾、瓔珞、臂釧。腰束貼體羊腸錦裙或羅裙，兩足豐圓。總之，繁麗的衣飾，是加上中國人想像的古代南亞次大陸貴族裝飾，又夾雜有唐代貴族婦女時裝，是這兩者奇異而又調諧的混合。健美的面龐和體態，則純以唐代貴族婦女特別是家伎等女藝術家為模特兒。這就是中國化（漢化）了的菩薩。

佛，特別是大乘佛教中的佛，異常崇高。例如，釋迦牟尼佛已升到天國的「色究竟天」，似乎只具有某些抽象的最高級的德性，難以與世俗信徒接近，缺乏親切感。而某些菩薩卻使世俗信徒感到親切和對之有迫切需求。所以，佛教傳入中國後，對菩薩的單獨信仰逐漸抬頭。佛，高踞於西方極樂世界，那是信徒嚮往之處，眾生只能「往生」。菩薩以度眾生登彼岸為旨，可以出蓮座歷下界化愚頑。因此，南北朝以後，中國的佛教信徒通過種種附會，逐漸請著名的菩薩東來定居，自立道場。

漢文佛典中著名的菩薩有彌勒、文殊、普賢、觀世音、大勢至、地藏等幾位。彌勒是「未來佛」，前面已經説過。另外幾位著名的菩薩常做佛的近侍。釋迦牟尼佛的左脅侍是文殊，右脅侍為普賢，合稱「華嚴三聖」。接引眾生往西方極樂世界的是阿彌陀佛，他的左脅侍是觀世音，右脅侍為大勢至，合稱「西方三聖」。後來，大勢至菩薩未能獨立成軍，在中國沒有甚麼勢力範圍。觀音、文殊、普賢則隨緣應化，自立道場，成為中國化的著名菩薩，並稱為「三大士」。再加上有漢化化身的地藏，慢慢地形成了漢化佛教的四大菩薩和四大名山。

（二）

文殊，全稱文殊師利，也有譯音作「曼殊師利」的。意譯「妙德」、「妙吉祥」等。據説他在諸大菩薩中智慧辯才第一。他的典型法像是頂結五髻，手持寶劍，坐蓮花寶座，騎獅子，這是智慧、辯才鋭利、威猛的象徵。他的美名尊號是「大智文殊」。有關他

文殊菩薩像（騎獅，獅奴追隨）。

的住處，《華嚴經．菩薩住處品》中有明確說明。大意是「東北方有菩薩住處，名叫清涼山。文殊師利住在此山」。中國佛教徒以五台山應之。五台山「歲積堅冰，夏仍飛雪，曾無涼暑」（《廣清涼傳》卷上），可擬清涼山。北魏時就建有佛寺，至北齊時已擴展到二百餘所。隋文帝下詔在東南西北中五台之頂各立寺一所，並遣使在山頂設齋立碑。唐代開元年間臻於極盛，也是「文殊信仰」以此山為中心的極盛時代。唐宋時日本、東南亞、尼泊爾等國僧人常來巡禮，敦煌莫高窟第六十一窟《五台山圖》則是五代時（會昌滅佛後中興時）山區寺院情況的歷史寫照。總之，五台山是唐宋以來的我國最早最大的一處國際性道場。不過，宋元以降，民間的觀音信仰逐漸普及，「三大士」還得請觀音居中，文殊屈居左側。

原來，佛教剛傳入中國的時候，也就是魏晉南北朝之際，立足未穩，最需要得到高層統治者的支持。所以常常走上層路線，找皇帝、大官做護法。那個時代，政府中的高級知識階層主要由清談名士構成。清談探討的主要內容是道家的哲理命題，佛家的思想對於他們來說是全新的哲理，因此極受歡迎，也納入清談命題之中。這時出現的漢譯《維摩經》，其中「問疾品」表現的是：具有高超智慧和廣泛知識的富有的大居士維摩詰精研佛家思想，釋尊的弟子沒有誰敢和他進行佛教哲理

唐代《維摩變相圖》

辯論。於是他就裝病，借以引誘佛的弟子前來探問，開展辯論。釋尊派諸大菩薩中智慧辯才第一的文殊做使者。文殊一到，問答就開始了，包括中華衣冠和藩王外族的兩大批信士前來聽法，這就是「問疾品」的主要內容。在佛寺中常常畫成經變畫，常繪於文殊殿、三大士殿、法堂，甚至大雄寶殿的兩側壁。其中的維摩詰形象手揮麈尾，身憑隱几，儼然一副中國中古高級知識階層思想界代表人物的形象。與他相對的文殊自然也沾染了高級知識界的氣息。因此可以說，文殊的群眾基礎主要扎根在知識階層之中，和佛教理論的探討有密切聯繫。

宋代《維摩圖》。唐代的《維摩變相圖》仍留有若干中亞氣息，而宋代的《維摩圖》則已徹底漢化。

到了近代，佛教已經徹底漢化，漢化佛教的宗派也逐步形成。在傳佈中，佛教徒逐漸感到，草民百姓對高深的佛教哲理不太感興趣，他們要求的是解決現實中解決不了的問題，例如救三災八難，或是死後往生西方極樂世界。修行的方法也是越簡單越好，艱深的佛經文盲念不了，坐禪入定一般勞苦大眾就無法謀生。因此淨土宗等就提倡隨時隨地抓空閒時間念「阿彌陀佛」往生西方，念「大慈大悲救苦救難觀世音菩薩」就能除三災八難。佛教越普及越向下層發展，以文殊為代表的「學理派」就越吃不開了。據我們看，這就是佛教菩薩信仰由文殊信仰向觀音信仰和地藏信仰過渡的主要原因。

普賢，亦譯「偏吉」，音譯「三曼多跋陀羅」。他主一切諸佛的理德、行德，與文殊的智德、證德相對，也就是說，他代表「德」與「行」。德，據說他有延命之德；行，據說他發過十種廣大行願，要為佛教弘法工作。所以他的美名尊號是「大行普賢」。「普賢之學得於行，行之謹審靜重莫若象，故好象」。白象是他願行廣大、功德圓滿的象徵，故普賢騎六牙白象。四川省峨眉山自古即為我國名山峻岫，晉代山上始建普賢寺，今名萬年寺。後來佛教大盛於山中，逐漸演變為普賢東來道場。百里山巒，明清時代梵宇琳宮多達七十餘座。其中萬年寺磚殿銅鑄普賢騎象像一尊：象身白色，六牙，四足分踏三尺蓮座。象背上普賢坐蓮台，手執如

四川峨眉山萬年寺供奉的普賢菩薩

意，整個鑄像通高七點三米，其中白象高三點三米，蓮台加普賢四點零五米，總重六十二噸。這銅像是北宋太平興國五年（九八零）宋太宗派張仁贇在成都分部鑄造，然後運到峨眉山焊接而成的。這尊像是有代表性的普賢法像。

地藏菩薩是意譯。據《地藏十輪經》說，他「安忍不動猶如大地，靜慮深密猶如地藏」，故名。音譯是「乞叉底糵婆」。據佛經故事說，他受釋迦牟尼佛囑咐，在釋迦入滅而彌勒尚未降生世間這一段時期度世。於是他發了大誓願：一定要盡度六道輪迴中眾生，拯救各種苦難，才升級成佛。因此，他的美稱尊號是「大願地藏」。大願是：（1）孝道，即孝順和超薦父母；（2）為眾生擔荷一切難行苦行；（3）滿足眾生需求，令大地草木花果生長；（4）祛除疾病；（5）要度盡地獄眾生，不然「誓不成佛」。這些內容，如孝道，很有些中國傳統倫理道德氣息，是佛教漢化後適應本地情況的新說教；保護農業和防治百病，更適合以農立國的中國國情，特別受農民歡迎；至於代眾生受苦難並度盡眾生，那可太容易被受盡苦難的中國老百姓理解和接受了。所以，除了觀音以外，地藏菩薩在中國下層的信徒最多。甚至出現了他的化身。據說，地藏菩薩降跡新羅國為王子，姓金名喬覺。軀體雄偉，頂聳骨奇。祝髮後號地藏比丘。於唐高宗時航海來中國。最初隨處參訪，遊化數年，後來

張大千仿敦煌壁畫而繪的地藏菩薩畫像

地藏（僧人裝束）

大願地藏菩薩法相（天冠，寶珠）。

到九華山（今屬安徽省青陽縣，號稱「東南第一山」）結廬苦修。若干年後被地方士紳諸葛節等發現，見他住石洞茅棚，吃摻有觀音土（一種白土）的飯食，生活清苦，又詢知是新羅王子，感到應盡地主之誼，於是發心為之造寺。當時九華山屬閔公所有，建寺要閔公出地。閔公問地藏比丘要多少地，答云：「一袈裟所覆蓋地足矣。」閔公應允。不料地藏袈裟越扯越大，蓋盡九華。於是閔公將此山全部佈施供養。閔公於是成為地藏護法，他的兒子也隨地藏出家，法名道明。據說地藏比丘居山數十年，近百歲時，於唐玄宗開元二十六年（七三八）夏曆七月三十日，召眾告別，跏趺坐化。他示寂後，手軟如綿，全身骨節鳴響如金鎖，顏色如生，肉身不壞，以全身入塔。九華山的月（肉）身殿，相傳即地藏成道處。故後世以此日為地藏菩薩應化中國的涅槃日，舉辦地藏法會。

地藏菩薩與別的大菩薩不同，現出家相，作比丘裝束。他的標準像，一般是：結跏趺坐。右手持錫杖，表愛護眾生，也表戒修精嚴；左手持如意寶珠，表欲使眾生之願滿足。也有作立像的。有的像兩旁侍立的是一比丘一長者，據說就是閔公父子。

（三）

菩薩中，除自立道場的四大菩薩外，還有「八大菩薩」的說法和「十二圓覺菩薩」等有名號的大菩薩，也常見於寺院中。

八大菩薩是等覺位的大菩薩中的代表人物。他們是誰，他們的排列順序，各經中記載不同，起碼有六七種說法。

現在先把有代表性的四種說法列表如下：

菩薩名號 ╲ 排列順序 ╲ 所出經典	七佛藥師經（義淨譯）	八大菩薩曼荼羅經	八大菩薩經	大妙金剛經（現八大明王）
文殊師利（妙吉祥）	1	6	1	2
觀世音（觀自在）	2	1	2	5
大勢至	3			
無盡意	4			
寶檀華	5			
藥王	6			
藥上	7			
彌勒（慈氏）	8	2	3	4
金剛手		5	6	1
虛空藏		3	4	3
除蓋障		7	7	7
普賢		4	5	8
地藏		8	8	6

此外，還有以下諸種說法：

1、《般舟三昧經》所說：「颰陀和菩薩（賢護）、羅憐那竭菩薩（寶生）、憍日兜菩薩（星藏）、那羅達菩薩（仁授）、須深菩薩、摩訶須薩和菩薩（大善商王）、因坻達菩薩和倫調菩薩（水天）。」《八吉祥神咒經》中說此八人求道已來無央數劫，於今未取佛，願使十方天下人民皆得佛道。若有急疾，呼此八人名字即得解脫。欲壽終時，此八人便飛往迎之。

2、《七佛八菩薩經》所說：文殊師利菩薩、虛空藏菩薩、觀世音菩薩、救脫菩薩、颰陀和菩薩（賢護）、大勢至菩薩、得大勢菩薩、堅勇菩薩。此八菩薩各說大陀羅尼，脫眾生現在諸苦及三途苦。

3、《舍利弗陀羅尼經》所說：光明菩薩、慧光明菩薩、日光明菩薩、教化菩薩、令一切意滿菩薩、大自在菩薩、宿王菩薩、行意菩薩。此八菩薩住在慾天，護念受持取入一切諸法陀羅尼者。

4、《般若理趣經》所說：金剛手菩薩、觀自在菩薩、虛空藏菩薩、金剛拳菩薩、文殊師利菩薩、才發意轉法輪菩薩、虛空庫菩薩、摧一切魔菩薩。此八大菩薩攝菩提心、大悲心、方便三種，包括佛教一切真言門及一切顯教大乘。

通常所造八大菩薩像，多依《八大菩薩經》等三種經的説法，排列順序依三經中之一經。這是因為，盛唐至北宋時流行的密宗，盛行一種為高級和尚得法證明的「灌頂法」。當灌頂或修煉時，每次需有一位大菩薩臨壇證盟。據《灌頂摩尼羅亶大神咒經》等經説，密宗瑜伽部歸場證盟者即為此八大菩薩。後來與密教相對的顯宗也通用此説法，但不灌頂。此種八大菩薩像習稱「證明像」，近代佛寺中少見。四川大足大佛灣「倒塔」第二層的八大菩薩像可稱代表作。

下面再談談「十二圓覺菩薩」。

圓覺，直譯意為「圓滿的靈覺」，也就是「修行覺悟圓滿無缺」、「修行

北京十方普覺寺的臥佛及菩薩，據載是元英宗於十三世紀時下詔以五十萬斤銅鑄成。

功德圓滿」，是「真如」、「佛性」的別名。唐代佛陀多羅譯出《大方廣圓覺修多羅了義經》一卷，簡稱《圓覺經》。講的內容是：一切眾生本性是佛性。即是說，本來能成佛的，但因有「恩愛貪慾」等「妄念」，才流轉於生死輪迴。如能摒棄一切情慾，破除一切迷誤，「於清靜心，便得開悟」。講的方法是：佛以神通現諸淨土，十二位大菩薩次第請問因地修證法門，佛一一作答。故此經有十二章。

據《圓覺經》，十二位菩薩是：

文殊菩薩　普賢菩薩　普眼菩薩

金剛藏菩薩　彌勒菩薩　清淨慧菩薩

大勢至菩薩　觀世音菩薩　淨業障菩薩

普覺菩薩　圓覺菩薩　賢善首菩薩

一般可在三種佛殿內見到十二圓覺菩薩：

第一種是專門性的「圓覺道場」，即按《圓覺經》內容建立的「圓覺殿」。正中供佛像，可以是釋迦牟尼佛一身，也可以是法、報、應三佛三身。兩旁列十二圓覺菩薩。典型例證是四川大足縣寶頂山大佛灣第二十九號「圓覺洞」。

第二種是在開間很大的大雄寶殿內，陪同十八羅漢、二十諸天，作禮佛的環衛。

如杭州靈隱寺大雄寶殿內所塑者即是。

第三種是塑在臥佛旁。如北京西山十方普覺寺（臥佛寺）中臥佛殿中所塑，可能就是。但此種安排少見，佛像研究者間頗有爭議。

《圓覺經》與《維摩經》、《楞嚴經》等同為禪宗常用經典，故塑有十二圓覺菩薩的常為禪宗廟堂。禪宗本來就是漢化佛教中代表性的漢化宗派，《圓覺經》的來路又不明，有許多人懷疑此經是漢族僧人撰述而非譯經，爭議甚大。即便單從造像來看，無論如何，十二圓覺菩薩也得說是漢化佛教中獨有的菩薩。

七、觀世音菩薩

（一）

觀世音菩薩是漢化佛教中最著名的菩薩。

觀世音，梵文的意譯，也有譯成「光世音」、「觀自在」、「觀世自在」的。觀音是「觀世音」的略稱。

據《妙法蓮華經》中的「普門品」説，觀世音菩薩是大慈大悲的菩薩，能現三十三化身，救十二種大難。遇難眾生只要念誦他的名號，「菩薩即時觀其音聲」，前往拯救解脱。觀世音主張「隨類化度」。他對一切人救苦救難，不分貴賤賢愚，所以他的美名尊號是「大慈大悲救苦救難觀世音菩薩」，簡稱「大悲」。南北朝時期，觀音已獲得社會上的普遍信仰。隋唐時更盛。今存敦煌莫高窟四十多壁隋唐「法華經變」壁畫，表現以觀世音為主角的「普門品」的佔半數以上。壁畫

海天佛國普陀勝境

中就有犯人念觀音名號而枷鎖自落、死囚臨刑念觀音名號而刀杖節節折斷的場面，自然這是一種幻想和欺騙，但也反映了大眾歡迎這樣一位公正而有平等觀念的神的願望。這樣一位菩薩，中國人當然要歡迎他東來定居。中國浙江省舟山群島內的普陀山，就是他顯靈說法的道場。據說唐代大中（八四七—八六零）年間有一印度僧人來此，自燔十指，「親睹觀世音菩薩現身說法，授以七色寶石」，遂傳此地為觀音

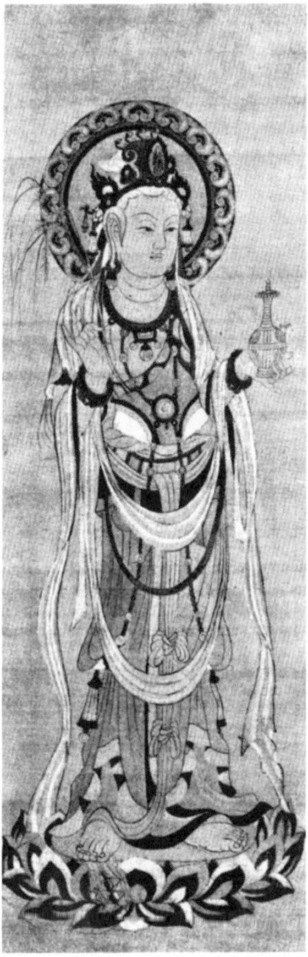

盛唐觀世音菩薩畫像

初唐觀世音菩薩畫像

中唐觀世音菩薩畫像

顯聖之地。《華嚴經》中有觀世音住在普陀洛迦山（梵文Potalaka）的説法，於是略稱此山為普陀，華言「小白華」，譯言「海岸孤絕處」。日本臨濟宗名僧慧萼曾多次（約為四次）入唐。可能在大中十二年（八五八）或咸通五年（八六四），他從五台山請觀音像歸日，途經普陀山，為大風所阻。他祈請觀音，得到不肯去日本願留中國的靈示，於是在普陀山潮音洞前紫竹林，與當地居民共建「不肯去觀音院」，是為道場開基。北宋以還，寺宇迭興，香火極盛。據中國傳説，觀世音的生日是夏曆二月十九，成道日是夏曆六月十九，涅槃日是夏曆九月十九。每當二、六、九月，朝拜者尤其踴躍。特別是日本、朝鮮半島和東南亞的善男信女，常不遠千里而來。日本雖以本國的那智山作普陀洛迦道場，可是信士還是心向中國南海普陀。此山已成為近代中國最大的國際性道場。

綜上而言，可以將漢化佛教觀音的特點總合為三：

其一，能拯救現實生活中一切苦難，而不是教導人們把希望寄託於來生。所以從信徒角度看來，觀音是最具有「現實性」的佛家代表。抗日戰爭時期，陪都重慶有許多防空洞，洞口內外常見有小佛龕，其中供的一律是觀音像，就是一個很明顯的例子。

其二，苦難中的眾生要求得到觀音的幫助，方法最為簡單，念觀音名號就行。這種方法深入廣大信徒之心。《兒女英雄傳》中描寫：安公子的岳母張太太為了保佑女婿考中進士，向道教系統的掌管文人功名的魁星許願。這一日聽到女婿中了探花，就去魁星老爺面前謝恩，磕頭如搗蒜，嘴裏不斷念的可是「大慈大悲救苦救難觀世音菩薩」。

其三，觀音最能深入民眾。首先是不厭棄任何人，不分貴賤賢愚和是否兇暴有前科，只要放下屠刀，堅定信仰，一律拯救解脫。其次，為了普度眾生，觀音可以隨機化成種種化身。別的菩薩都是男身，進入閨閣不便，觀音到了近代常以女身應化，所以最受尼眾和廣大優婆夷的歡迎。尼僧庵裏經常以觀音為主尊，就是這個道理。一般家庭裏常供的都是觀音像，而大廟裏的觀音像也種種各別，所以觀音的化身形象特別多，居各類神佛之冠。常見的有所謂「六觀音」、「七觀音」、「三十二應身」、「三十三觀音」，大都是密宗所傳，亦有許多是藝術家的創造。

（二）

原來，佛教有所謂「六道輪迴」的說法：一切有生命的「眾生」，包括人在內，統統被安置在六種不同的情況下，這六種情況叫「六道」，也叫「六趣」，由低到高排列，它們是：

地獄道，餓鬼道，畜生道，阿修羅（一種惡神）道，人道，天道。

眾生按照個體本身某一階段（如人的一生可算一個階段）的前因後果，各種因緣，如車輪迴轉一般，在下個階段轉入六道中的某一道。它們是眾生輪迴的道途，故稱「六道」；眾生各乘因業而趣（趨）之，故稱「六趣」。不用說人，天神也難免輪迴。至於佛、菩薩、緣覺（二等的菩薩）、聲聞（羅漢中之親聆佛旨者），則已跳出輪迴之外，進入四種永存極樂的世界，由高到低排列，它們是：佛界、菩薩界、緣覺界、聲聞界，合稱四聖界。六道四聖又合稱「十界」。

據說，觀音為化度六道眾生，要為他們破「三障」（信行佛法的三大障礙），即：

煩惱障：由貪、嗔、癡等心理產生的煩惱。

業障：由本身身（行為）、口（言談）、意（思想）造成的不利於信行佛法的思想與行為。

報障：即落入地獄、惡鬼、畜生等道的惡報。

觀音度六道眾生破三障，要隨緣應化，以各種化身出現。化身共六種，稱為「六觀音」。天台宗與密宗定名不同，大致一依作用一按形象而定，現列表如下：

「六觀音」稱謂表

天台宗所傳稱謂	密宗所傳稱謂	所破之障
大悲觀音	千手千眼觀音	破「地獄道」三障
大慈觀音	聖觀音	破「餓鬼道」三障
師子無畏觀音	馬頭觀音	破「畜生道」三障
大光普照觀音	十一面觀音	破「修羅道」三障
天人丈夫觀音	準胝觀音	破「人道」三障
大梵深遠觀音	如意輪觀音	破「天道」三障

此外，還有用「不空罥索觀音」來取代「準胝（準提）觀音」的。有的就索性只增加而不取代，合成「七觀音」。

聖觀音是觀音的總體代表，其形象可視為觀音的標準像，故又稱「正觀音」。這尊標準像戴天冠，天冠中有阿彌陀佛像。結跏趺坐於蓮花座上，右手持半開蓮花一枝，左手結大悲施無畏印（即橫臂當胸側，拇指尖頂在食指尖上，中空成圈形，其餘三指直豎而微微分開）。

千手千眼觀音，寺院中亦常見。其典型塑法畫法有二：一種是實有千手：法身八手最大，其中二手合掌；報身四十手細小些，其中二手合掌，其餘三十八手各執種種法器，手中各有一眼；化身九百五十二手，手中各有一眼，分五層或十層如孔雀開屏般後插。此種像常成為精美藝術品。另一種是簡化了的造型，一般寺院中均採該式：兩眼兩手之下，左右各具二十手，手中各有一眼，共四十手四十眼又各配上「二十五有」，二十五乘四十等如一千而成千手千眼。「二十五有」指三界中二十五種有情存在環境，計：

開封相國寺的四面千手千眼觀音像。造於清乾隆年間，有一千零四十八隻手，可四面朝拜。

慾界十四有：四惡趣，四洲，六慾天。

色界七有：四禪天和初禪天中分出的大梵天，四禪中分出的淨居天與無想天。

無色界四有：四空處。

這些都越說越玄，一般不必詳究。

馬頭觀音，顧名思義，頭是馬頭——坐蓮花座的觀音標準像則另成一小像安坐於馬頭之上——身是菩薩身，一般右手捻蓮花，左手持武器（常為長柄大斧），或坐或立。此像形貌忿怒威猛，象徵摧伏妖魔時之狀，又稱「馬頭明王」。

倚坐觀音

十一面觀音，有十一個顏面，象徵菩薩修完「十地」（大乘菩薩修行的十個階位），最後功行圓滿，到達第十一地即佛地。打個淺近比喻，有點像現在小中大學以至博士學位各種畢業證書上標準像之照片合集。描述其形象的佛經有三種：北周耶舍崛多

張大千摹自莫高窟第一五二窟的十一面觀世音菩薩像

譯《十一面觀世音神咒經》，唐玄奘譯《十一面神咒心經》，唐不空譯《十一面觀自在菩薩心密言念誦儀軌經》。各經説法不一，故各寺所見形象略有不同。一般當前三面作菩薩善面慈悲相，左廂三面作嗔怒相，右廂三面似菩薩面而作白牙上出相，當後一面作暴怒大笑相，頂上一面作佛面相。各戴寶冠，寶冠中有阿彌陀佛像。有二臂四臂兩種造型。二臂者常為左手執蓮花，右手作施無畏印，臂掛數珠一串。四臂者常為右一手把念珠，右二手作施無畏印，左一手持蓮花，左二手持淨瓶。

不空罥索觀音的像，依《不空罥索神變真言經》的説法，有兩種造型：十面十臂、三面四臂。一般寺院所見多為三頭六臂之像，三面各具三眼。中為慈悲相，左為忿怒相（常鬢髮聳豎），右為白牙上出相。六隻手除一手作大悲施無畏印外，五隻手持罥索

宋代張勝溫的《梵像卷》中的一面八臂不空罥索觀音像。

（南亞次大陸古代打獵用套獸繩索，罥索由五色線編成）、蓮花、戟（三叉戟）、鉞或斧、如意寶杖。

準胝是音譯，一般音譯常作「準提」，意為「心性潔淨」。準胝觀音常為女性形象，有三目十八臂。三隻眼分別代表救惑、業、苦的三慈眼。

如意輪觀音常為六臂金身像，右第一手支頤，是為「思維相」。左第一手按在一座山形物（叫「光明山」）上。另外四隻手分持的是：如意寶珠（表示能滿足眾生祈願）、輪寶（表示轉法輪），此二寶為「如意輪」法號之源。還有念珠、蓮花。

明人繪的準胝觀音像

以上「六觀音」、「七觀音」像在近現代寺院中常見。不過除聖觀音外，一般都不作為主尊供奉。

（三）

以觀音為主尊的佛殿習稱「大士殿」，俗稱「菩薩殿」。供三位主尊的，常為觀音居中，文殊在左，普賢在右，習稱「三大士殿」。專供觀音的，常稱為「圓通殿」，蓋以觀音曾有「圓通」美名之故。觀音道場普陀山普濟寺大圓通殿是其中巨擘。在這樣的殿堂裏，兩側靠牆環侍像常為觀音「三十二應」或「三十三身」。據説，觀音可以示現種種身份説法。《法華經·觀世音菩薩普門品》説有「三十三身」，《楞嚴經》説有「三十二應」（普現色身應化的三十二種形象）。二者大同小異。圓通殿中為求對稱，常塑成三十二尊。茲列成一表，讀者至殿中按表對號可也：

分類	次序與稱號
三聖身	①佛身，②辟支佛身（緣覺身），③聲聞身；
六種天身	④梵王身，⑤帝釋天身，⑥自在天身，⑦大自在天身，⑧天大將軍身，⑨毗沙門天身；
五種人身	⑩小王身，⑪長者身，⑫居士身，⑬宰官身，⑭婆羅門身；

四眾身	⑮比丘身，⑯比丘尼身，⑰優婆塞身，⑱優婆夷身；
四眾婦女身	⑲長者婦女身，⑳居士婦女身，㉑宰官婦女身，㉒婆羅門婦女身；
兒童身	㉓童男身，㉔童女身；
八部身	㉕天身，㉖龍身，㉗夜叉身，㉘乾闥婆身，㉙阿修羅身，㉚迦樓羅身，㉛緊那羅身，㉜摩睺羅伽身；
	㉝執金剛神身。

（四）

三十三觀音的形象，都是個體圖像，也有幾種適於立體雕造的，常作成瓷、木、牙、石等雕像。這是漢化佛教藝術家唐宋以來對觀音形象描繪的發展中的定型化結果，雖說源自《普門品》，但經典依據不多，而是在創造中加以定型。這些圖像常以圖畫、小型造像等形式在民間廣泛流傳，甚至成為供欣賞的藝術品而不作膜拜的對象。這些是走出寺院步入民宅的觀音，更加滲入老百姓的日常生活，因而更富生命力。

三十三觀音的名稱與形象特點分述於下：

1、楊枝觀音：手持淨瓶、楊枝的立像。是近現代最常見的圖塑形象。在非正規殿堂與民間，幾乎取代聖觀音而成標準像。常戴女式包頭披肩長巾。

2、龍頭觀音：畫作雲中乘龍之像。頗多藝術名家傑作。

3、讀經觀音：坐岩頭手持經卷的閱讀像。頗受知識界喜愛，多有名家傑作。

4、圓光觀音：背後畫出熾盛火焰圓光。

5、遊戲觀音：閒適地在五色祥雲之上。

6、白衣觀音：少見，因漢族以白衣為孝衣，故有避忌。然有偶見之名畫。一般左手持蓮花，右手作與願印。

7、蓮臥觀音：在池中蓮花之上。

8、瀧見觀音：敧倚山崖眺望瀑布流泉，頗具哲理藝術情趣，為知識界所喜愛。

9、施藥觀音：常為右手拄頰，左手於膝頭捻蓮花之像。

10、魚籃觀音：腳踏鰲魚手提盛魚竹籃之像，或僅手提魚籃。自《西遊記》據此形象大肆發揮，造出觀音釣魚降妖故事，佛家認為戲語，但卻擋不住小說之深入人心。

11、德王觀音：坐岩畔，手持樹枝製成的杖。

12、水月觀音：作觀水中月影狀。水中月，喻諸法無實體。此像具哲埋性，受知識界崇敬。名家名筆迭出。

13、一葉觀音：乘蓮花浮於水面漂行之相。

14、青頸觀音：密宗所傳，近代中國少見，日本較多。按古代南亞次大陸神話傳說，降魔大神濕婆吞下從乳海中攪出的毒藥，藥力在頸部化開，將脖子燒青。「青頸」原指濕婆。後來輾轉變化附會，觀音也有了降魔救眾生因而服毒青頸的故事。但此種類型的故事在中國沒有發展起來。

15、威德觀音：左手持蓮花，坐岩畔。

16、延命觀音：特點是頭上戴頂有佛像之寶冠。

17、眾寶觀音：坐地上，右手向地，左手放在彎膝上。

18、岩戶觀音：在山洞中打坐的像。

19、能靜觀音：佇立岩畔望海沉思的像。

20、阿耨觀音：阿耨是音譯，意為「極微」。只有具天眼、輪王眼和能得佛果的菩薩，才能看見「極微」。常畫成遠眺海上之像。

21、阿摩提觀音：乘獅子而身放火光之像。密宗所傳，近代中國少見。

22、葉衣觀音：坐岩上，墊着草葉。近代中國少見。

23、琉璃觀音：又名「香王菩薩」、「香王觀音」，特點是手持香爐。

24、多羅尊觀音：多羅是梵語音譯，意為「眼，瞳子」。此尊為密宗系統，作中年女像，合掌持青蓮花。近代中國少見。

25、蛤蜊觀音：乘於蛤蜊上，或竟畫作居於兩扇蛤蜊殼中。

26、六時觀音：佛家依南亞次大陸之粗略計時法（在古代不如中國細緻進步），以晨朝日中日沒為晝三時，初夜中夜後夜為夜三時，合稱六時。佛教徒當每日六時奉行佛法不斷，六時菩薩取義於此。常作居士裝束。少見。

27、普慈觀音：作大自在天化身形象。少見。

28、馬郎婦觀音：有個故事，說唐代元和年間，陝西有一美女，許多人要娶她。她說：「一夜之間背會了《普門品》的，我就嫁。」到天亮時，有二十人會背；她再提出背《金剛經》，又有十幾人會背了；再提出背《法華經》，三天後只有姓馬的郎君能通背出此經七卷。於是克期成婚，但此女在婚前死去並腐爛。葬後，老僧以錫杖挖撥，見僅存鎖子骨化為的黃金。老僧說這是聖人點化愚蒙，說完也飛入空中去了。馬郎婦菩薩據此故事點染而成，作民間婦女形象。

29、合掌觀音：合掌為其特點。

30、一如觀音：作乘雲飛行狀。

31、不二觀音：兩手低垂，在水中坐蓮葉上。

32、持蓮觀音：坐蓮葉上，兩手持蓮花，常為少女面孔。

33、灑水觀音：又名「滴水觀音」，作右手持瓶瀉水姿態。塑像（特別是瓷像）中常暗藏滴水機關。

除三十三觀音外，近代還流行「送子觀音」。這是一尊婦女像的觀音，抱着個小男孩兒。她很受深受「無後為大」思想影響的某些婦女歡迎。當然，她也是中國漢化佛教創造出來的一尊觀音。

（五）

現在，來看看「海島觀音」（又名「渡海觀音」）。

這是近現代大型漢化佛寺中常見的最漂亮最熱鬧的一大組群像。塑在大雄寶殿佛座板壁之後，面對後門。也有另建一殿單獨供設的。一般塑成觀音手持楊枝水瓶，立於普陀洛迦山的山海之間（常腳踏鰲魚）。上下左右塑許多小像，或為《華嚴經》中善財五十三參中的人物，或為《法華經．普門品》中觀音救八難的人物。按正規應如此，究其實則大有差異。

據《華嚴經．入法界品》，善財童子是福城長者的五百童子之一。當其生時，種種珍寶自然湧出，故名「善財」。他受文殊啓發，南行求法，參拜五十三位「善知識」（能化導人發菩提心求佛法的佛家人物）。第二十八參是在東洋紫竹林拜觀音。按照佛經，他與觀音的關係，本來只此而已。實際佛經上度善財入佛門的乃是文殊與彌勒。可不知何時，善財由童子拜觀音而變成了觀音的左脅侍。右脅侍是龍女。據說她是「二十諸天」之一的娑竭龍王之女，聰慧異常。八歲謁見釋迦牟尼佛，即轉男身成佛。她與觀音本無來往，不知怎樣也搭上關係。總之，觀音左右脅侍的歷史淵源，已經很難從正規佛經中窮究了。再看群塑中別的像，更不是嚴格按經文行事了。

「內行看門道，外行看熱鬧」，究竟是外行多。一般老百姓並不深究佛經中的事，倒是《西遊記》中的故事深入人心。於是，在近現代，《西遊記》中塑造得十

蘇州西園寺的海島觀音，立於鰲魚之上，周圍配列着
許多尊像，構成一幅富有色彩的佛界立體圖。

分成功的觀音形象就風行了起來。海島觀音群塑就頗受其影響。在這組塑造觀音從普陀渡海出行普度眾生的故事性塑像群中，不但善財、龍女相隨，還常有紅孩兒、黑熊精參拜。這後二位是在《西遊記》中被觀音戴上「金」、「禁」兩個箍兒，收為守山神的。紅孩兒說不定還是善財童子和「哪吒」的混合造型呢。當然，唐僧，戴緊箍兒的持棒孫大聖，倒打一耙的豬八戒，挑擔子的沙和尚，白龍馬，全得塑上。一般塑在左下角。連觀音腳踏的鰲魚，戲蓮池的金魚，觀眾也能指指點點，說在《西遊記》裏看見過。這一堂彩塑，起碼有一半是吳承恩生花妙筆通過另一種藝術的再現。

八、中國的羅漢

（一）

羅漢，是阿羅漢的簡稱，原來指原始的小乘佛教所達到的最高成就。據說，一位佛教徒修行，可能達到高低不同的四種成就。每一種成就叫一個「果位」，有點類似於現代的學位。這四種果位是：

初果：名為預流果（音譯：須陀洹），獲得了初果，在輪迴轉生時就不會墮入「惡趣」（指變成畜生、惡鬼等）。

二果：名為一來果（音譯：斯陀含），得到此果，輪迴時就只轉生一次。

三果：名為不還果（音譯：阿那含），得到此果，就不再回到「慾界」受生而能超生天界。

四果：是阿羅漢果，受了此果，他是諸漏已盡，萬行圓成，所作已作，應辦已辦，永遠不會再投胎轉世而遭受「生死轉迴」之苦。得此果位的人，就稱為阿羅漢，簡稱羅漢。

是不是所有的人都能修行成阿羅漢呢？傳説古代南亞次大陸的彌蘭陀王曾經特別問過那位在佛經中著名的那先比丘，是不是在家居士也有可能成為阿羅漢，答案是肯定的。但是必須具備一個條件：居士成為阿羅漢那一天，如果不當天出家，就有死去的危險。因此，成阿羅漢果的全是和尚。

（二）

如上所聞，證阿羅漢果位好像現在攻讀最高學位。證果，只是自身求解脱。根據小乘佛教的説法，得了阿羅漢果位，就是最終歸宿（涅槃），頗有點為學位而學位的味道。説穿了，修羅漢果的不過是些「自了漢」。全都如此，誰去傳揚佛法？後來大乘佛教就往前發展了一步，以自身解脱為小，眾生解脱為大。主張一切有情成佛，以佛法成就眾生。因此，開始提倡作佛滅度後不入涅槃護法弘法的阿羅漢，這是修阿羅漢果位的人未曾預期的任務，因此，釋尊要在他們之中遴選。

據西晉時竺法護所譯的《彌勒下生經》中說，東晉時譯者失名的《舍利弗問經》也說，佛涅槃時指派大迦葉（也譯作「摩訶迦葉」）比丘、君屠鉢嘆比丘、賓頭盧比丘、羅雲（即羅怙羅、羅睺羅）比丘「住世不涅槃，流通我法」。他們都是釋尊的親傳嫡系，羅怙羅還是釋尊的親生兒子。他們都是聲聞。從釋迦修行而得證阿羅漢果位的人雖多，但看來均已涅槃，無蹤無影。最早住世的阿羅漢就是這四大比丘——四大羅漢——四大聲聞。

（三）

如上所聞，釋尊留下四大羅漢住世弘法，看來可能是按東西南北各佔一方考慮的。他們的任務相當繁重，有加人的必要。有的佛經中就平方增加為十六人。北涼道泰譯的《入大乘論》說：「尊者賓頭盧、尊者羅怙羅，如是等十六人諸大聲聞……守護佛法。」但未列出其餘十四人的名字。唐代湛然《法華文句記》引《寶雲經》，也出現了「十六羅漢」，但只摘引出「賓頭盧、羅雲」兩位，所引經義內容且不見於今存兩種梁代譯本《寶雲經》。

現存漢譯佛經中有關十六羅漢最早的典據見於唐代玄奘大師所譯《大阿羅漢難提密多羅所說法住記》（簡稱《法住記》），難提密多羅意譯為「慶友」，據說他是佛滅後八百年時獅子國（即今斯里蘭卡）的名僧。他年輩較晚，雖成羅漢，卻夠不上「聲聞」。《法住記》中所記的是「如是傳聞」，而非「如是我聞」。書中說，慶友在涅槃時將十六大阿羅漢的法名和住址告知大眾，今將《法住記》十六羅漢名號照錄如下：

第一位：賓度羅跋囉惰闍，他的典型形象是頭髮皓白，有白色長眉。俗稱「長眉羅漢」。中國禪林食堂常供他的像。

第二位：迦諾迦伐蹉，據《佛說阿羅漢具德經》說，他是「知一切善惡法之聲聞」。

第三位：迦諾迦跋釐惰闍。

第四位：蘇頻陀。

第五位：諾矩羅。

第六位：跋陀羅，意譯為「賢者」，是佛的一名侍者。據《楞嚴經》，他主管洗浴之事，所以近世禪林浴室中常供他的像。

迦諾迦伐蹉

賓度羅跋囉惰闍

跋陀羅

蘇頻陀

第七位：迦理迦，是佛的一名侍者。

第八位：伐闍羅弗多羅，意為「金剛子」。

第九位：戍博迦，有「賤民」、「男根斷者」之義，可見其出身不高，或為宦者。

第十位：半托迦，與第十六位注荼半托迦乃是兄弟二人。據說他們的母親是大富長者之女，與家奴私通，逃奔他國，久而有孕，臨產歸來，在途中生二子。大的叫半托迦，意為「大路邊生」；小的叫注荼半托迦，意為「小路邊生」。兄聰明弟愚鈍，但均出家成羅漢。

第十一位：羅怙羅，意譯「覆障」、「障月」、「執月」。他是釋迦在俗時所生唯一的兒子。十五歲出家，為佛的十大弟子之一，「不毀禁戒，誦讀不懈」，稱為「密行第一」。

第十二位：那伽犀那，意譯「龍軍」，習稱「那先比丘」，生於佛滅後，七歲出家，曾在舍竭國答國王彌蘭陀之問，大闡佛法。

第十三位：因揭陀。

第十四位：伐那婆斯。

第十五位：阿氏多，是佛的一名侍者。

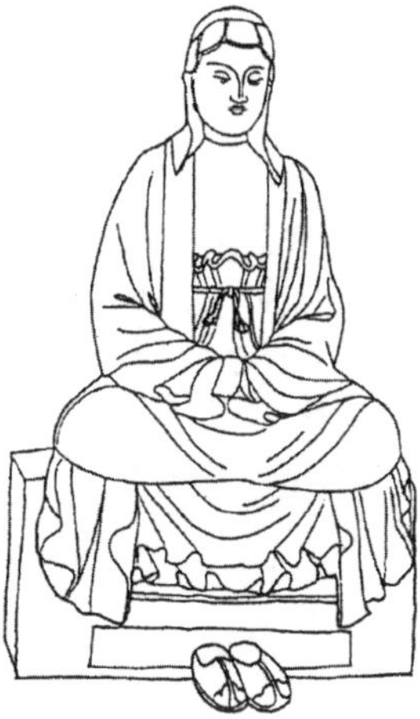

伐闍羅弗多羅

迦理迦

半托迦

戍博迦

伐那婆斯

那伽犀那

阿氏多

第十六位：注荼半托迦。

中國佛教中佛和菩薩的形象到唐代已基本定型，逐漸類型化。他們的衣飾也很特殊，與平常的世俗人等區別很大。羅漢的傳說大致是從《法住記》流行後才開始普及的，羅漢穿的又是漢化了的僧衣，和一般的和尚沒有甚麼區別，有關他們的生平資料也不多。這些，都給藝術家以馳騁想像的極大創造餘地，使他們可以在現實的老幼胖瘦高矮俊醜等大量活生生的和尚的基礎上發揮想像，創造出生動的多種羅漢形象來。可以說，羅漢一到中國，就異常生動活潑地顯現在佛教徒、藝術家的心目中，豐富了中國繪畫、雕塑的題材和內容。

《宣和畫譜》卷二載，梁代著名畫家張僧繇畫過十六羅漢像。他的根據我們已無從考訂。《法住記》譯出並流行後，畫十六羅漢的名家甚多，唐代盧楞伽特別愛畫這種題材。「詩佛」王維，也畫有此種圖四十八幅。有關五代時畫十六羅漢圖的記載則更多。現知最早的十六羅漢雕塑在杭州煙霞洞，也是吳越王錢元瓘的妻弟吳延爽發願所造。

（四）

如上所聞，五代時對羅漢的尊崇開始風行。值得注意的是，它還有所發展：首先在繪畫中由十六羅漢發展為十八羅漢。原來，畫十六羅漢像的畫家，也有加繪兩人的。有人推論說，原來畫的大約是《法住記》的述說者慶友尊者和譯者玄奘法師。這種設想極可能符合最早的事實，但歲久年深，已難於找到確切證明。

今所知對五代時畫十八羅漢像的最早的形象化記錄見於蘇軾所作《十八大阿羅漢頌》一文。蘇軾記錄說，他在謫居海南島時，從民間得到前蜀簡州金水「世擅其藝」的張氏所畫「十八羅漢圖」——說明這種圖當時已很普及，張氏累世所畫也不在少數——據蘇氏所記，這幅圖頗具生活情趣，每個羅漢均有童子、侍女、胡人等一二人作陪襯，有點像世俗畫的「燕居圖」。蘇氏未寫出十八羅漢名號——但他在後來所寫的《自海南歸過清遠峽寶林寺敬贊禪月所畫十八大阿羅漢》一文中給明確補出了。蘇氏文中前十六羅漢名號均取自《法住記》。第十七位，蘇氏稱為「慶友尊者」；第十八位，稱為「賓頭盧尊者」，顯然是第一位羅漢的重出。蘇東坡是深明佛學的人，怎麼會犯這樣的錯誤呢？可能是照抄當時流行的說法。這恐怕也由於中國古代夷夏觀念較強，不願意把本國的玄奘法師和那十七位出身、年代、國籍都不同的外來戶摻和在一起。宋咸淳五年（一二六九），志磐在其所著《佛祖統記》卷三十三中提出：慶友是《法住記》的作者，不應在住世之列；賓頭盧為重複。第十七和第十八位應當是迦葉尊者和軍徒鉢嘆尊者，也就是《彌勒下生經》所說的四大聲聞中不在十六羅漢之內的兩位尊者。這種說法，把四大羅漢和十八羅漢以住世為環節聯繫起來，言之有故。若承認有十八羅漢，取志磐的解釋，還算自圓其說。可是到了清朝乾隆年間，皇帝和章嘉呼圖克圖認為，第十七位應是降龍羅漢，即嘎沙鴉巴尊者（即迦葉尊者）；第十八位應是伏虎羅漢，即納答密喇尊者（彌勒尊者）。降龍伏虎的傳說是中國的，起源甚晚，大約在北宋以後。不過這兩尊像畫起來或塑起來有龍和虎作為道具和陪襯，容易生動，再加皇帝御定，以後的十八羅漢就以皇帝考證出來的為準了。

十八羅漢，近代常塑在大雄寶殿之中，作為釋迦或過去現在未來三世佛的環衛。在《西遊記》等小說及戲劇中，他們經常成組出動，在鬥爭中作釋迦的先行。如「十八羅漢鬥悟空」、「十八羅漢鬥大鵬」等便是。可是成群結夥，缺乏個性，而且戰績不佳，常常失敗，最後還得如來佛親自出馬。他們往往是這種墊底兒抬高祖師爺的角色，在文學作品中沒有甚麼光輝。倒是在藝人的腕下，名圖名塑常見，精彩迭出。所以，培育出中國化羅漢的，乃是中國的藝術家。

（五）

據《十誦律》卷四所記，釋迦生時，便有隨他聽法傳道的五百弟子，稱為「五百羅漢」。《法華經．五百弟子授記品》中，也記有佛為五百羅漢授記的事。《法住記》記十六羅漢各有駐地，各有部下，從五百到一千六百不等，五百羅漢是其中最起碼的一組。《舍利弗問經》中又記載，弗沙密多羅王滅佛法後，有五百羅漢重興聖教。西晉竺法護譯的《佛五百弟子自說本起經》中又記載了佛滅度之次年迦葉尊者與五百羅漢（五百比丘）最初結集的事。結集是意譯，指的是編纂佛教經典。南傳佛教又有五百羅漢參加在斯里蘭卡舉行的第四次結集的傳說。總之，有關五百羅漢的傳說，在佛經中多有記載。可是，都沒有一一記下名號。

五百羅漢是何時出現於中國的呢？據《高僧傳》卷十二，他們最初顯現於天台山，那是東晉時代的事。到了五代，對羅漢的崇拜興盛。顯德元年（九五四）

昆明筇竹寺的五百羅漢，各有其獨特的神態，洋洋大觀，置身其中，難免有頭暈目眩之感。

道潛禪師得吳越錢忠懿王的允許，遷雷峰塔下的十六大士像於淨慈寺，創建五百羅漢堂。宋太宗雍熙二年（九八五）造羅漢像五百十六尊（十六羅漢與五百羅漢），奉安於天台山壽昌寺。在此期間，各地寺院也多興建羅漢堂或羅漢閣。名畫家李公麟等畫有五百羅漢圖像。至於羅漢名號，現存最早石刻記錄是宋紹興四年（一一三四）十二月所立的《江陰軍乾明院羅漢尊號石刻》，乃南宋人高道素所錄，列舉第一羅漢阿若憍陳如到第五百羅漢願事眾，一應俱全。這是中國人的創造。原碑不存，碑文收在《嘉興續藏》第四十三函中。近代佛寺所塑五百羅漢像，多依之列名。

五百羅漢塑像眾多，非一般佛殿所能容納，多另闢羅漢堂以處之。立此一堂羅漢，用工甚巨，所以，帶羅漢堂的廟多為大寺名刹。近代寺院中有代表性的羅漢堂，有北京碧雲寺、上海龍華寺、漢陽歸元寺、昆明筇竹寺等。有關的名畫也不少，如廬山博物館藏清人所畫五百羅漢單身大畫數百幅等，也很有名。

有趣的是，由於五百羅漢人數眾多，很難一一指實，有的人就想把自己的形象也塑將進去，過過受香火的癮。這方面有代表性的是清乾隆皇帝。北京碧雲寺羅漢堂裏第四百四十四尊（有牌位、號數）羅漢稱為「破邪見尊者」，這位金身頂盔掛甲，罩袍蹬靴，兩手扶膝，雙目炯炯，分明戎武帝王身，哪是超塵離垢相，原來，這就是乾隆為他自己塑的那尊羅漢像。更有意思的是，昆明筇竹寺內清朝末年名塑五百羅漢像中，竟然出現了基督教祖師爺耶穌的形象，真是匪夷所思。據我們推測，那時法國佔領了越南，英國佔領了緬甸，他們的傳教士經常越界深入雲南，進行種種活動。雲南本是佛教盛行之區，對基督教教義自然格格不入，但懾於列強的淫威，對那些教士的公開傳教也無可奈何。好在佛法廣大，無所不包，倒不如承認

十全老人、破邪見尊者等一大堆稱號，幾使人忘記他就是乾隆皇帝。

耶穌也是一個羅漢，他們宣傳的教義可以包括在佛法之中。於是就出現了這尊奇特的形象。

近代羅漢堂中，除五百羅漢外，常有濟公出現。按，濟公實有其人，乃是南宋僧人（一一四八—一二零九），原名李心遠，台州（今浙江省臨海）人，出家後法名道濟。他在杭州靈隱寺出家，後移淨慈寺。據說他不守戒律，嗜好酒肉，特別是狗肉薫大蒜，舉止如癡如狂，被稱為「濟癲僧」。他後來被神化，認為是降龍羅漢轉世，被尊稱為「濟公」。這是個土生土長

土羅漢始終比洋羅漢受歡迎，濟公形象深入民心，便是明證。

的、塑造得極有個性的中國羅漢。他具有人民大眾所喜愛的詼諧幽默的性格，能做些出人意表的快心之事，所以，他在中國是頗得人心的羅漢。可惜，據民間傳說，他去羅漢堂報到晚了，只能站在過道裏（如江南某些大寺），或蹲在房樑上（如北京碧雲寺）。他的面相也很特殊，常塑成半邊臉哭半邊臉笑，所謂「哭笑不得」、「半嗔半喜」，如蘇州西園戒幢律寺羅漢堂過道裏站着的濟公，就是箇中典型。遊羅漢堂的人，對這唯一的例外安排與面貌印象十分深刻，忘了那五百客籍也忘不了他。他是中國人，是位土產的中國的羅漢。

九、漢化的諸天

（一）

諸天，是佛教中諸位尊天之簡稱。《金光明疏》：「外國呼神亦名為天。」這是佛經中的一種意譯法。佛教中傳來的那些位外國高級神，統稱為「天」，尊稱為「尊天」。尊天，是佛教中管領一方的天神，級別相當於人世間的帝王。他們還沒有成佛，也不屬於正規的佛門人物如菩薩、羅漢等系統。也就是說，他們不是出家人，而是在家的「神」，但都是佛法的護持者。他們各有生平，大多出身於南亞次大陸的古老神話傳說之中，有的原來身份顯赫，地位崇高，出現的時代比釋迦牟尼要早得多。可是，佛教傳佈後，認為「佛法廣大，無所不包」，把他們都納入門下。入佛門後，又有了新的履歷。佛法東傳，經過西域到中國，其中又有變化。漢族向來有容納但又充份改造外來文化的巨大能力，不斷使之歸化。到了近代，已將諸天完全漢化，改變得面目全非。若對一個研究南亞次大陸古代神話而又不諳習漢化寺院佛像的外國人指出，那些在《梨俱吠陀》（次大陸古代詩集）等書中出現的他國之神，竟然穿戴中國古代衣冠，變成華人面孔，出現在漢化寺院裏，他們一定莫名驚詫——要知道，這可是漢化的諸天。

漢化的諸天，一般是二十位，稱為「二十天」。後來，在佛道爭勝的鬥爭中，有的寺院塑造出二十四天以至二十八天，把道教的神仙也補入諸天

大同上華嚴寺的二十諸天像，被喻為漢化諸天的最理想造型。

之內，並非正規，一般的應以二十天為準。他們常被塑在大雄寶殿兩側，典型姿勢以大同上華嚴寺所塑為準：各前傾約十五度，以示對佛的尊敬。二十世紀七十年代後新塑者，如杭州靈隱寺、普陀佛頂山慧濟寺等處，均準此式。還有繪於大殿東西壁上作背景襯托用的「諸天禮佛圖」壁畫，典型的是北京法海寺大殿明代壁畫，精彩異常，實為國寶。壁畫較之塑像，可以比較自由地添加雲彩、侍從、法器道具、花卉鳥獸等陪襯，組成大型手捲式畫面，看來更覺飄逸生動。至於諸天形象，唐代以來各種佛家經典所述頗有不同，匠人亦各有師傳，更受時代、地域影響，各寺所見不甚一致。

諸天在佛前排列，有一定順序。這種順序也有多種不同。典型的有兩種。一種是象徵「佛會」時禮佛的隊列，分立大殿兩側（一般單數在左，雙數在右），如下：

1、大梵天王	2、帝釋尊天	3、多聞天王
4、持國天王	5、增長天王	6、廣目天王
7、金剛密跡	8、摩醯首羅	9、散脂大將
10、大辯才天	11、大功德天	12、韋馱天神
13、堅牢地神	14、菩提樹神	15、鬼子母神

16、摩利支天　17、日宮天子　18、月宮天子

19、娑竭龍王　20、閻摩羅王

另一種是象徵「金光明道場」（熏修道場）的排列，則是功德天立於佛左，辯才天立於佛右，以下左右兩側分頭排列，如下：

	佛	
大辯才天		大功德天
帝釋尊天		大梵天王
東方天王		北方天王
西方天王		南方天王
月天		日天
大自在天		密跡金剛
韋馱天		散脂大將
菩提樹神		地天（堅牢地神）
摩利支天		鬼子母
閻摩羅王		水天（娑竭龍王）
	（散灑處）	

（二）

現依佛會排列的禮佛次序，將二十天以至二十四天分別敍述如下：

第一位：大梵天王，梵文的意譯，音譯「摩訶婆羅賀摩」。本是婆羅門教、印度教的創造之神，與濕婆、毗濕奴並稱為婆羅門教和印度教的三大神。據《摩奴法典》載，梵天出自「金胎」（梵卵），把卵殼分為兩半，創造了天和地，創造十個「生主」，再由他們協助，完成創造工作。同時，他也創造魔鬼與災難。他原有五個頭，據說被濕婆毀去一個，剩下的四個頭面向四方；有四隻手，分別拿着「吠陀」經典、蓮花、匙子、念珠或鉢。通常坐在蓮花座上，坐騎是一隻天鵝或由七隻鵝拉

本是至高天神的印度教的梵天

的一輛車。因其本來的地位崇高，所以佛教產生後也利用他造出新神話。佛傳說，釋迦牟尼佛從兜率天下生時，大梵天作為最親近的侍者，手持白拂子，在右前方作引導。釋尊成道後，大梵天奉獻自己的宮殿，請佛在殿上轉法輪說法。這樣，就造成了佛居諸神之上的印象。大梵天入佛門後，雖被吸收為護法神，位居「諸天」之首，但與「三大神」原職相比，顯然地位大大

漢化的帝釋天

降低。漢化後形象改變更甚，多作中國中年帝王形象，手上常持蓮花。在釋迦牟尼佛旁侍奉時手持白拂子。又有一說：梵天、帝釋並侍佛，梵天捧傘，帝釋持拂。

第二位：帝釋天，梵文的意譯，音譯「因陀羅」。本來是南亞次大陸神話中的最高天神，有關他的頌詩佔《梨俱吠陀》全書四分之一。據說他統治一切，被尊為「世界大王」。他全身茶褐色，能變形，力能劈山引水，掌握雷雨，又是戰神。他的武器有金剛杵、鈎子、網。四大天王等全是他的部下。佛教也利用了他，說，釋尊下生時，他化現七寶金階，讓佛從天上一級一級地下來。他在左前方手執寶蓋（幢）引路，和右前方的大梵天是一組。他也曾請佛在自己的宮中講了多次各種經文。當然，加入「諸天」的行列後，雖然居首，勢力比「世界大王」時代就衰微多了，和四大天王等老部下平起平坐。佛教還給他新造了履歷，稱其為忉利天（即三十三天）之主，居須彌山頂之善見城。據《大智度論》說，迦陀國中有婆羅門，名摩迦，姓憍尸迦，有福德大智慧，知友三十三人，共修福德，命終皆升須彌山頂第二天上，摩迦婆羅門為天主，三十二人為輔臣，以此三十三人故，名為三十三天。又據《淨名疏》等書中說，迦葉佛入滅後，有一個女人發心為之修塔，另有三十二個人幫忙。後以此因緣，同生三十三天。那女人居中，即化為帝釋天，還有三位夫人，名為「園生」、「善法」、「赦友」，與帝釋天一起修行。那麼，帝釋天此時一定是由女變男了。這種種説法，暗中影響了漢化寺院中的造像意匠。漢化寺院中，帝釋天常作少年帝王像，而且男人女相，面「如散華供養天女」；或即徑作青年女后像。為了表現帝釋天居於須彌山之巔為三十三天之主，中國畫師和工匠常有巧妙構思。如法海寺壁畫中，帝釋天作女后像，後隨三位天女（或即象徵那三位「夫人」？），其中一位給帝釋天打方頂傘蓋（幢），以示帝王之尊；另一位持盤，內盛蓮花等，以示入佛門修供養之事；最有興味的是第三位，雙手捧一個山石盆景，這是納須彌於芥子式的化須彌為盆景，此種絕妙的象徵性手法，純粹是中國人的意匠創造。研究南亞次大陸神話的人若見他竟變得這樣厲害，定會驚訝不止，嘆其漢化之深也。

第三位：北方多聞天王。

第四位：東方持國天王。

第五位：南方增長天王。

第六位：西方廣目天王。

這四位就是天王殿中供奉的「四大天王」。詳細情況，請看前面「四大天王」那部份介紹。

第七位：密跡金剛。是手持金剛杵守護佛法的護法神。也就是佛寺入門的山門殿中供奉的護法金剛的原型。

第八位：大自在天。梵文的意譯，音譯是「摩醯首羅」。本是南亞次大陸神話中男性生殖器崇拜者的神，以男根為其標誌。據說一切萬物都是他生的，原都是他肚裏的小蟲，大地是他的身體，水是他的尿，山是他的糞便。後來佛教把他改造為護法神，據說，釋尊為太子時，遵當時的信仰，去廟裏禮拜大自在天神像。嚇得大自在天的偶像離座下階，先禮太子。這是一則著名的拿外教天神墊底抬高佛祖的故事。對大自在天本身，佛教也添上

漢化大自在天

印度教大自在天

漢化後的大自在天，除名稱外，已難找到與印度教大自在天相似之處。

種種附會，如說：他位於色界十八天最高處，「於大千世界中得自在」，本像頗為「醜惡」，云云，看來都與本根有些關聯。漢化後全失本真，常作密宗所傳八臂三隻眼的化身狀態，手執拂子、鈴、杵、矩尺，面作菩薩相，身着菩薩裝，騎白牛。立像常省去白牛。也有作二臂、四臂、十八臂的諸種形象。又有三面像，正面天王形，左面天女形，右面夜叉形，但少見。

第九位：散脂大將。散脂（散支）全譯「散脂修摩」，是梵文的不準確音譯，唐代新譯音「半支迦」，意譯為「密」（密神），又名夜叉（藥叉）大將，是北方天王八大將之一，管領二十八部眾。有的佛經上說他是鬼子母的丈夫，也有說是鬼子母的二兒子的。漢化寺院中常塑成金剛武將狀。許多塑畫工匠常把他和密跡金剛作為一組，塑畫成哼哈二將式形貌。密跡白面善相，散脂金面（或紅面）怒相，各持降魔杵一根。因此，一般人也就把他倆看成哼哈二將了。其實非也。

第十位：辯才天。梵文的意譯，音譯是「薩囉薩伐底」。為主智慧福德之天神，據說他聰明而有辯才，所以稱為辯才天；他能發美音而歌詠，所以稱為美音天、妙音天。他的性別，《大日經》說是男天，還有妃子；《最勝王經》和《不空羂索經》說是女天，閻羅的長姊。佛經說，她住在深山裏，「或在山岩深險處，或居坎窟及

漢化辯才天

印度教辯才天

對照之下，漢化佛教辯才天似有更大的神通。

河邊，或在大樹諸叢林」，「以孔雀羽作幡旗」。她的形象是「面如滿月」，「目如修廣青蓮葉」，「常以八臂自莊嚴」，「身着青色野蠶衣」。一切動物如獅子、虎、狼、牛、羊、雞等都愛慕她。漢化寺院中所供的常為菩薩臉菩薩裝八臂像，手執火輪、劍、弓、箭、斧、罥索，腳下有獅、虎、狐、豹等幾種獸。

第十一位：功德天，即吉祥天女。梵文的意譯。音譯為「羅乞什密」（吉祥）和「室利」（女）。出現甚早。原為婆羅門教、印度教的命運、財富、美麗女神。據説，她是神魔大戰共同攪動乳海時產生的，故又名「乳海之女」。後來她成為毗濕奴大神的妻子，愛神的母親。常一手持蓮花，一手灑金錢如流水（這場面使人聯想起西洋畫家常畫的宙斯化黃金

杭州靈隱寺大雄寶殿內東側環衛像第八尊功德天

南亞次大陸的功德天（吉祥天女），圖中，她正在哺育她和毗濕奴大神生的孩子「愛神」。

雨故事）。她的坐騎是迦樓羅（金翅鳥）或優樓迦（貓頭鷹類動物），有兩隻白象相隨，那是印度教系統「吉祥」的象徵物。功德天后被佛教吸收，列為護法天神，主要採取了她掌財富的特點，因為毗沙門天王原是財神，有的老經典就說她是毗沙門天王的妹妹或妻子。以其施財散佈吉祥，有大功德於眾，故稱「功德天」。漢化寺院中所見，她的形象端莊美麗，常戴花冠，着多層各種天衣；佩飾繁多，有耳璫、鐶釧，瓔珞遍體。總之，極為雍容華貴。有時則作中國后妃宮樣裝束，那是徹底漢化的表現，常見於明中葉以後。她的典型姿態是：舉左手捻如意寶珠。後隨一六牙白象，象鼻絞動一個瑪瑙瓶，瓶中不斷傾出種種寶物。她的左右（常為右邊）一般緊跟着一位「咒師」，那是替她念咒使瓶中出寶的。此咒師大約出生於西域，常作老年胡人相貌裝束，着白衣（使人想起唐代著名的「波斯胡」商賈），手把長柄香爐。這一組好有一比：若把功德天比作銀行總經理，則咒師是會計主任，白象則造幣廠廠長也。

第十二位：韋馱天。

第十三位：地天，又名堅牢地神。梵名比里底毗，據說是夫婦二人。在唐代剛傳來的地天，還常以男天為代表，典型形象是手把寶瓶或鉢，中置各色水陸鮮花。有作四臂形的，手持鐮、斧、鋤、鍬，是一個農業勞動者的形象。可是，近代以來，在漢化寺院中常作女神形象，左手持中盛鮮花的鉢，或執穀穗，象徵主管大地和一切植物生長。這女天別名「大地神女」。據佛傳中載，地神證明悉達多之福業，驚退魔眾，所以，地天是佛教中有代表性的護法神。注意：這位可是男天。

第十四位：菩提樹神。釋迦牟尼佛在菩提樹下成道，守護菩提樹的天女就是此神。據説佛在菩提樹下打坐時，如遇下雨，她就用樹葉做傘為佛擋雨。據此，她應該是最早的護法神。她的形象特點是手持帶葉樹枝，作青年妃子裝束。

地天　韋馱天　日天

南亞次大陸的女地神（豐饒女神）

第十五位：鬼子母，又名歡喜母，梵文的意譯，音譯「訶梨帝」。有關她的傳說多而雜亂，現據《毘奈耶雜事》略述如下：王舍城裏有一位獨覺佛出世了，開大會慶祝。有五百人沐浴更衣一起去芳園開會。路遇一位懷孕的牧牛女，帶着一桶奶酪。五百人鼓動她一起赴會。她一時高興，跳起舞來，因而胎兒早產。五百人見開會時間已到，扔下這女郎不管，自己去了。女郎一個人困留，新生兒夭折，大為生氣，就拿奶酪換了五百個當地產的「庵沒羅果」（意譯「柰」、「余甘子」），在獨覺佛經過她身邊時，她用這些水果供養佛。同時，頂禮發

山西大同善化寺的「鬼子母」塑像，面相慈和，儀表雍容，已無當年吃人的兇相。

漢化後的菩提樹神還是手持帶葉樹枝，恭敬護法。

惡誓：來世要生於王舍城，吃盡當地人的小孩。果然她來生生為王舍城娑多藥叉的長女，和犍陀國的半發迦藥叉結婚，生下五百鬼子。她天天吃城裏人的小孩。釋尊勸她別吃，她不幹，釋尊就施展法力，藏起她一個兒子。她哭着鬧着找。佛說：「你有五百個兒子，只一個不見了，還憐愛尋覓不止。別人只有一個兩個小孩，你吃了，人家怎麼辦？」於是她皈依佛法，但提出：「今後吃甚麼？」佛說：「你勤心擁護佛寺和僧尼，作我教護法神。我叫弟子們每次吃飯時呼喚你和你兒子們的名字，叫你們來飽食。」

漢化寺院中常作中年貴族婦女形象，手撫她的五六歲小兒子，這孩子名畢哩孕迦。中國唐代以來，流傳甚廣的目連救母故事中，在目連的母親身上可以看到漢化了的鬼子母的影子。

第十六位：摩利支天。梵文摩利支，意為「光」——提婆（意為「天」）的音加意譯。由「光」的意義引申附會出她會隱身法，說她出現在太陽之前，太陽看不見她，她能看見太陽。沒有人能見到她，沒有人能捉住她、欺誑她、加害於她。她能用此種隱身法救人苦難。在神話中出身甚早，後被佛教吸收。在漢化寺院中身着紅色天衣，頭頂寶塔（塔內有毘盧遮那佛）。三個頭分向三面，各有三隻眼。八臂，左四手持罥索、弓、無憂樹花枝、線圈，

典型的漢化摩利支天像

右四手持金剛杵、針、鉤、箭（手持物各像常有不同）。乘豬拉的車，身邊圍繞着一群豬。大概因為豬的形象不美，所以常常省略，或僅在她腳邊站一雄壯野豬便了之。

第十七位：日天。各族都有自己的太陽神，南亞次大陸神話中的老日神是「蘇利耶」，又譯作「修利」、「修野」等，後來佛教經典意譯為「日天」、「日宮天子」、「寶光天子」、「寶日天子」等。據説，太陽裏有他的宮殿。自《梨俱吠陀》以來，他都是太陽神。他的戀人是拂曉女神（可意譯為「紅霞」）。日天是大神之一，乘金色馬車巡行天上，驅除黑暗，注視着人類在下界的活動，洞燭幽隱。他的愛人「紅霞」永遠年輕美麗，有魅力，有朝氣，保佑人們多福，多壽，多子孫，有名聲。他們夫婦一威一柔，很受人們崇敬。可是後來，在印度教系統中，毗濕奴似乎兼任了太陽神之職，於是蘇利耶夫婦的影子逐漸變淡了。佛教卻沒有忘記蘇利耶，承認他為日天，收他為護法神，給他的打扮是赤紅臉膛兒，手持蓮花，乘四馬駕的車。中世觀世音信仰盛行後，中國僧人為《法華經》作註，附會説：觀世音名寶意，日宮天子就是觀音的變化身。可中國老神話中原有自己的日神。中國的日輪中，有烏鴉為標誌。近世漢化佛教寺院中的日天，就成為中外結合的混血兒。他常作中國

南亞次大陸古老的太陽神蘇利耶（日天）乘金色七頭馬車巡天，駕車的是他的兒子蘇多（意為「馭者」，大名「迦爾納」）。他們永遠在追趕日天的戀人烏莎斯（紅霞，拂曉女神）。

中年帝王像，赤紅臉，持蓮花（常為紅蓮），冠上有一日輪，日輪中常出現烏鴉。

第十八位：月天。各民族也都有自己的月神。南亞次大陸的月神，在發展中屢經變化。因為大勢至菩薩與觀世音菩薩同為阿彌陀佛脅侍，日宮天子已為觀音變化身，所以，《法華經》的註釋者就說，月宮天子是大勢至的化身，名寶吉祥。密宗給月天規定的打扮是白臉膛兒，持上有半月形的杖，駕三隻鵝拉的車。他也有妃子，也是白臉，持青蓮花。因為月中黑影太像兔子的側影，所以各民族都有月中兔的傳説。佛教的本生故事改造了古代神話，説，釋尊前生曾為兔，與猿、狐為友。帝釋天要考驗釋尊（時居菩薩位）的德行，化為老夫，向三獸求食。狐銜魚，猿獻果，獨兔無所得，乃投火自焚，以身貢獻。帝釋天受感動，就將兔身送入月輪，傳乎後世。按，南亞次大陸的月亮神話，遠沒有中國的嫦娥奔月、玉兔搗藥、吳剛伐樹那一系列故事深入民心。為了與日天配對，也為了顯示月華如水的幽靜，月天，對中國人來説，也以女天為容易接受。所以，漢化寺院中的月天，以女天為多，想是從月天妃化來。若是男天，則作白臉中國帝王像；女天，則作中國中青年后妃像。冠上嵌滿月，月中常有兔形。早期密宗像常乘白鵝車，近世也省去。

第十九位：水天。梵文音譯「縛嚕拿」，是一位在吠陀神話中已出現的老神，本來神權極大，掌管天上地下，是大神。後來權力逐漸被別的神取去，佛教產生前後，他只剩下一部份制海權，成為西方大海中海王國之神，也就是南亞次大陸的「龍王」。又有一説：指娑竭龍王。梵文音譯「娑竭羅」、「娑竭羅龍」，意譯是「鹹海」。這龍王本是南亞次大陸傳説中掌管水蛇的海王。佛經中説，在他的宮裏供奉着法寶，如佛舍利、佛經之類，所以是護法神。不論原指水天還是娑竭羅，在中國近世都統一漢化成中國式的龍王。佛道兩教所供形象差不多，常作中國龍頭類造型身穿帝王服之像。

第二十位：閻摩羅王。梵文的簡化音譯。意譯是「雙王」。據說他們是兄妹倆，且都是管理地獄之王，兄治男犯，妹治女犯，故稱「雙王」。原為南亞次大陸神話中管理陰間之王。《梨俱吠陀》中即已出現，佛教沿用其說，稱為管理地獄的魔王。中國民間所傳說的閻羅王即來源於此，說他屬下有十八判官，分管十八地獄。

中國人把閻王和地獄完全漢化，讓它們和本土的泰山治鬼等神話傳說相結合，再融入佛教「六道輪迴」說，又通過迷信附會，造出許多新的嚇人的事物來，如：奈河（奈何）橋、黃婆（黃酒的「黃」）送迷魂湯、望鄉台，這都是漢語諧音雙關式玩意兒的具體形象化。再如：牛頭、馬面、無常、勾魂牌，那一套也夠嚇人的。中

南亞次大陸的閻摩羅王

國人的想像力絕不下於創造《神曲》的但丁，更比南亞次大陸神話豐富。只可惜在這方面用錯了，用到神道設教宣傳迷信嚇唬愚昧的老百姓身上去了。「二十天」中的閻王像已徹底漢化，多作濃眉巨眼虬髯王者像。女王不合中國國情，早已暗中取消。在閻王身後常跟着幾個中國籍的判官、牛頭、馬面之類，手持毛筆、中式賬簿、勾魂牌、鋸齒大砍刀等中式道具。當然，二十天塑像中，隨從少見，但在壁畫中卻是常出現的。

一般寺院供奉的正規諸天，即指以上的二十位，總稱「二十諸天」，簡稱「二十天」。在佛道爭勝又互相融合的過程中，近代某些寺院將諸天的隊伍加以擴充，成為「二十四天」。下面就把後加的幾位略作介紹：

第二十一位：緊那羅王，意譯「音樂天」、「歌神」。緊那羅不是一個，而是一族。在佛教中只能算二流神（二十天都可算一流神），屬「八部眾」系統。「八部眾」是八種（八族）小神，他們是：天眾、龍眾、夜叉、乾闥婆（又名「香神」或「樂神」）、阿修羅、迦樓羅（金翅鳥）、緊那羅、摩睺羅迦（大蟒神）。其中神、鬼、動物夾雜，每族人類眾多，地位均不高，但出身較早，歷史情況複雜，屬於佛教改編過來的雜牌隊伍，外圍組織。因以天眾、龍眾為首，故又稱「天龍八部」、

漢化佛教的十王殿

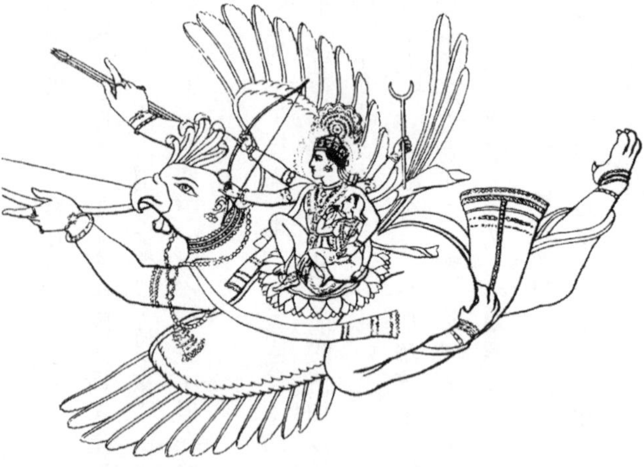

南亞次大陸的毗濕奴大神乘坐迦樓羅（金翅鳥）出行，
懷抱着的是功德天（吉祥天女）。

「龍神八部」。據說緊那羅像人，可是頭上有一隻角，所以又叫「人非人」。能彈琴，會唱歌，他家的女人生得端莊美麗，能歌善舞。當他彈琴唱歌讚美佛法時，須彌山震動，諸大聲聞不安於座。他家女人唱歌時，五百仙人在飛行中心醉落地。另據中國的傳說，緊那羅成佛後化為少林寺香積廚火頭老和尚，教眾僧使用三尺撥火棍退敵，傳下少林棍法。過去少林寺所供即此形象。

第二十二位：紫微大帝，有的材料則作玉皇大帝，都是道教對天帝的一種尊稱。常作中年帝王像。

第二十三位：東嶽大帝。中國古代早有泰山神，據說治鬼，是中國古代神話傳說中地府的主宰。道教又把他變成五嶽尊神之首，稱為東嶽大帝。《封神演義》中又造出一個封為東嶽大帝的武成王黃飛虎。這位天神就成為以上諸種因素成份不等的奇妙混合。常為蒼老帝王像。

第二十四位：雷神，就是雷公們的首領。南亞次大陸和中國古代神話中都有雷神。道教則認為雷神是元始天尊的第九個兒子——九天應元雷聲普化天尊。在漢化佛寺與道觀中，他的典型形象多為蓬頭怒髮仁丹鬍式鬼形，披甲，手持劈山斧。部下有打順風旗的風伯，手持錘鑿背生肉翅的雷公，手持兩面鈸式銅鏡的電母等，都是從中古以下漢族迷信傳說中衍化而出，被道教首先吸收發展改造過的。

以上二十二至二十四這三位，本係道教系統，被佛教借來裝點門面。道教徒嘖有煩言。有識的佛教徒也認為不必多此一舉。所以，嚴肅認真的佛教徒都只承認「二十天」，而不承認「二十四天」。

（三）

再說說佛教的一些小天神和特異天神。

「八部眾」前面已經說過，現在對其中的夜叉、乾闥婆、緊那羅、阿修羅做一些補充。

夜叉，也譯成藥叉，按佛經原來的解釋是一種能在空中飛行的鬼神。後來中國人將他作為外形醜惡的惡鬼的代稱，並非佛經原意。

乾闥婆和緊那羅，原來都是伺候帝釋天的音樂之神，一個奏樂，一個唱歌。他們各有一族，男女老少都有。佛教收容了他們。在早期南亞次大陸佛教雕塑中，他們就常作飛行姿態在佛的上方出現。到了西域，他們有的插上了翅膀，這就是原始

西魏時代的夜叉，外形尚非十分醜惡，接近佛經的原意。

的飛天，是佛家伎樂供養之神。漢化佛教將其翅膀取消，純靠雲氣烘托，衣角、飄帶飛舞，就在雲端上下飛翔，這是中國人的藝術創造，這就是漢化的飛天。

阿修羅原是南亞次大陸古代神話中一種惡神，據說長得非常兇惡，但是他的女兒長得非常漂亮。阿修羅宮中沒有好吃的食品，特別缺酒喝，可是帝釋天宮中好吃的食物很多，液體飲料特別多。帝釋天來搶阿修羅的女兒，雙方大戰，戰場上的情況奇慘無比，所以佛家常用「修羅場」作戰場的代稱。最後雙方講和，美麗的女兒嫁給帝釋天，帝釋天送甘露給阿修羅喝。

下面談談「明王」，這是梵文的意譯，屬於密宗系統。據說，佛和菩薩在教化眾生的時候，遇見十分不聽管教的，軟的不行，就要來硬的，於是變化成天神武將，雖有個別作慈悲相，但大多怒容滿面，用來調伏世人。這類佛和菩薩的變化身稱為「明王」。密宗北宋以後衰微，所以漢化寺院裏很少見明王塑像，水陸法會的畫像裏倒是有一些。日本所傳之漢化佛教，齊備了中國各個時代的宗派，因此，在現代的日本寺院中，明王像還很多，香火也很盛。在中國可得到石窟這些地方去找了。

究竟有哪些明王，說法不一，名稱各異。現在，姑且把四川大足寶頂山大佛灣第二十二號宋代摩崖造像的十大明王名號具錄如下：

大穢跡明王：釋迦牟尼佛所化；

大火頭明王：盧舍那佛所化；

大威德明王：金輪熾盛光佛所化；

大忿怒明王：除蓋障菩薩所化；

降三世明王：金剛手菩薩所化；

馬首（頭）明王：觀世音菩薩所化；

大笑金剛明王：虛空藏菩薩所化；

寶頂山十大明王龕中的降三世明王像

無能勝金剛明王：地藏菩薩所化；

大輪金剛明王：彌勒佛所化；

步擲金剛明王：普賢菩薩所化。

這些明王的形象大多是多頭多臂，常為三頭四臂或三頭六臂，手執種種武器和佛經，表示軟硬兼施之狀。另有一種大孔雀明王，常作慈悲中年女相，騎着一隻孔雀。《西遊記》中稱其為「佛母孔雀大明王菩薩」。

（四）

佛教誕生前，南亞次大陸早期「吠陀」系統的神話裏，有許多神就以多頭、多目、多臂的形象出現。例如：

樓陀羅（音譯，意為「暴惡」），是南亞次大陸早期神話中亦善亦惡之神。他用霹靂殺人，也用草藥給人治病。他就有一千隻眼睛。他後來衍化成濕婆，是毀滅與降魔大神。這位神有五個頭，四隻手。頭上有三隻眼，豎着長的第三隻眼能射出神火燒毀一切，像現代的火焰噴射器。

毗濕奴（音譯，意譯「遍入天」），也是一位創造與降魔大神。他也有四隻手。毘首羯磨（音譯，意思是「創造一切的神人」），是工藝大神。據說，從四面八方看，他都長着面對那一方的臉、眼、手、腳。

這類多頭、多目、多臂神尚多，不勝枚舉。可以看出，這種形象是南亞次大陸早期神的特點。現代印度教的某些神仍承襲這一特點。

佛教興起後，逐漸地，以「佛門廣大，無所不包」的精神，將外教神祇納入、改造，讓他們以新面目或新身份地位出現。多頭多目多臂的形象也就慢慢出現在佛教系統之中。密宗出現，更加快了這種趨勢。

密宗在唐代中期傳入漢地，北宋後衰微。但它的造型藝術意匠卻融入宋元以後以至近現代的中國佛教藝術中，並且進一步變化發展，影響了文學藝術中其他部門（特別是小說）的形象創造。其中，「頭、臂、眼三多」的造型，逐步定型為兩大類：

三頭八臂三眼，後來發展成三頭六臂的，是一類。此種造型後來經過變化改造，在中國近世文學藝術中經常出現。

千手千眼的，是另一類。這一類純屬佛教造型。

多頭多臂多目的形象，多少得算一種表現「神通」的造型，是「神」而不是

「人」。佛祖釋迦牟尼慈悲救世，他的「三身」（法身、報身、應身）都具「三十二相」、「八十種好」，呈丈六金身，氣象闊大恢宏，不屑以小神通向人。所以，正統的佛門得正果者，如佛和羅漢，都以人間世的本來面目現身應化。只有招降來的雜牌「諸天」，還保留奇形怪狀的原貌。此外，密宗影響下的菩薩系統，特別是觀音，化身繁多，顯然帶有各種外教的氣息。

元明清三代持續發展起來的神魔小説裏（別種小説裏也有，只是少些，且係受神魔小説影響），努力塑造這種頭、目、手三多的形象，特別集中於其中三頭八臂以至三頭六臂的造型。在這裏，不難看出佛教裏諸天神魔這類雜牌部隊的影響。但是，也可以看出，作家在努力使這類造型中國化，使之成為中國人喜聞樂見的藝術形象。在《封神演義》一書中，這樣的形象經常出現。例如：

後來被封為瘟神頭子的呂岳，「見周將有增，隨將身手搖動，三百六十骨節，霎時現出三頭六臂：一隻手執刑天印，一隻手擎住瘟疫鐘，一隻手持定形瘟幡，一隻手執住止瘟劍。雙手使劍。現出青臉獠牙」。「子牙見了呂岳現如此形象，心下十分懼怕」。（第五十八回）

殷郊，「一會兒忽長出三頭六臂……面如藍靛，髮似朱砂，上下獠牙，多生一

目」。（第六十三回）

哪吒，「太乙真人曰：『子牙行營有許多異士，然而有雙翼者，有變化者，有地行者，有珍奇者，有異寶者，今着你現三頭八臂，不負我金光洞裏所傳。此去進五關，也見周朝人物稀奇，個個俊傑。這法隱隱現現，但憑你自己心意。』哪吒感謝師尊恩德。太乙真人傳哪吒隱現之法，哪吒大喜，一手執乾坤圈，一手執混天綾，一手執金磚，兩隻手擎兩根火尖槍，還空三手。真人又將九龍神火罩，又取陰陽劍，共成八件兵器。哪吒拜辭了師父下山」。（第七十六回）

從《封神演義》有關敍述中，我們可以看出：

1、要變成三頭六臂或八臂，常靠吃某種食物。殷郊吃的是豆兒六七枚（第六十三回），哪吒是飲三盞酒吃了三枚火棗（第七十六回）。只有呂岳是「截教」邪門，法術來路不明。但是他們的法術都是隱現隨意的。這種「服食求神仙」式的辦法，變過來變回去的自由掌握法術，顯然都是中國式的，帶道教氣息。

2、哪吒三頭八臂，屬佛教的定型，可能因其原型是北方天王的太子「那吒」之故。呂岳和殷郊就自由些，成了三頭六臂，那可是中國化的表現。因為，佛教天神三頭八臂，其中有兩隻手常是用來合十的。可中國的神祇用不着對佛行外國禮。

再則，中國人的習慣是一頭配兩手，正房配東西兩廂，一張方桌配兩把太師椅，總認為三頭配六臂為宜。

《西遊記》表現出的想像力比《封神演義》更為豐富、大膽和生動活潑，也更為中國化。孫悟空大戰哪吒（第四回），兩位説變就變，全不靠外力：

那哪吒奮怒，大喝一聲，叫：「變！」即變做三頭六臂，惡狠狠，手持着六般兵器，乃是斬妖劍、砍妖刀、縛妖索、降妖杵、繡球兒、火輪兒。

好大聖，喝聲：「變！」也變做三頭六臂；把金箍棒幌一幌，也變作三條；六隻手拿着三條棒架住。

哪吒多餘的兩隻手在這裏取消了。漢化的三頭六臂戰勝了外來移植的三頭八臂。

為甚麼中國人偏要選擇「三頭六臂」，甚至達到成為成語的深入人心的程度，而不用那些「三頭八臂」、「四頭八臂」、「二頭四臂」等造型呢？拙見以為，這裏面有一個「最佳選擇」（優選）的問題，其中凝聚着中國武術家世代相傳的經驗和心血。中國人創造的三頭六臂形象，都是出現在手持武器的戰鬥中的。從實戰經驗中可以看出，三面背靠背地各據一百二十度角揮舞長兵器拒敵，在三百六十度圓周內沒有死角；四面八臂以上則丫丫杈杈，長短不齊的傢伙拿着自相妨礙。而三面八臂如《封神演義》中的哪吒，實際上還是單面向敵，兩手持主要兵器作戰，別的手是配搭。《西遊記》裏孫悟空三頭六臂持三條棒，取的是三百六十度圓形無死角防禦面，遠比《封神演義》中那幾位單面攻防為主的要強。現代圓形碉堡常開一百二十度射角的三個射擊孔，也是這個道理。可見，三頭六臂是中國武術家理想的全方位拒敵造型，其中隱含着我國武術思想與經驗的精華。當然，在現實中這是做不到的，只不過是一種靠小說家藝術構思來完成的幻想罷了，但是，它終究不失為一種最優選擇的理想拒敵方案。

十、藏經與藏經閣

（一）

釋尊在世時說法的內容，大致如開頭兩節中所述。那麼，這種說法又是採用何種形式呢？推測有以下特色：

1、用口耳相傳形式，缺少或根本沒有文字記錄。

2、釋尊會多種方言，見甚麼人說甚麼話。

3、為便於口耳相傳時記憶，常用講故事、寓言手法。

4、為便於記憶，常用「偈頌」，即從南亞次大陸古代講故事用詩歌體和婆羅門傳教常用的以詩體敘事說理的手法學來的，用長、短篇詩體說法。

5、為便於記憶，常把相關內容作成幾個數目字條條，如「四諦」、「八正道」、「十二因緣」。

以上各種手段，至今還為深入廣大群眾作宣傳的政治活動家沿用。不過後來的佛教徒把它們用濫了。故事寓言用得太多，可最後都只證明那一小點事；偈頌幾千幾萬首連用，反倒記不住；數字條條開列太多，容易串，有的又有幾十幾百條，人們也記不住。可見，再好的辦法，用得太多太濫了也失效，至少是減色。

釋尊說法不立文字，他老人家在的時候還可以問，等他一涅槃，各「聲聞」所聞不同，問題迭出。於是有統一起來並用文字記錄下來的必要。這時，弟子們舉行集會，對各自所聞進行統一。方法是：由一人為主對眾背誦，經大眾補充、甄別、審定，有系統地確定下來，明確記錄。這種集會名為結集。據佛教傳說記載，大結集共有四次之多。其中與本書內容最有關係的是第一次。咱們就只談談這一次。當然，這一次結集是否確切，就很難說了。

相傳釋尊逝世那一年，大弟子迦葉召集五百比丘，在王舍城七葉窟首次共同憶誦確定並記錄佛說內容，這就是第一次結集。當時由阿難誦出釋尊所說的理論部份。這部份經寫定後放置在一種南亞次大陸盛東西的竹篋「藏」之內，稱為「經藏」，音加意譯是「修多羅藏」。由優波離（就是十大弟子中出身最低賤的那位原理髮師，可見佛法是講平等的，婆羅門教絕不許可）誦出釋尊所說的清規戒律部份。這部份稱為「律藏」，音加意譯為「毘奈耶藏」。至於解釋佛說精義的，稱為「論藏」，音加意譯為「阿毘達磨藏」，恐怕是後來加入的。三者合稱「三藏」，是佛教典籍的總稱。

後來南亞次大陸的僧人多用鐵筆在貝多羅樹的葉子上刻寫經文，常用梵文寫成。梵文是南亞次大陸通用的一種古雅書面文字。寫成後，用長方形木夾夾起來。所以，稱「貝葉經」（從書寫材料上）或「梵夾」（從「裝訂」方式上）。用那時另一種通行文字巴利文書寫的也很多。從一世紀開始，這些佛經經過新疆等絲綢之路地區和西藏地區，陸

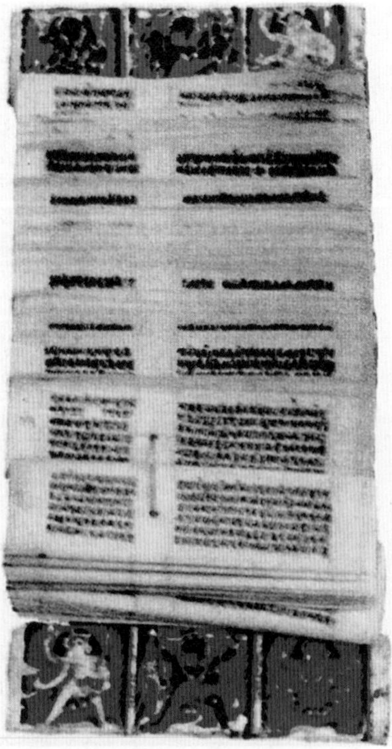

保存在西藏薩迦寺的貝葉經

續傳入中國。經過翻譯，形成漢化佛教用漢文書寫的三藏經典和藏傳佛教的經典等。下面只談漢文經典。

漢化佛教翻譯經典始於東漢，極盛於南北朝隋唐，宋朝以後衰竭。在中國和世界翻譯史上，那種由中央政府支持的、有組織有領導的、嚴肅認真的、量大質精的、綿亘千載的大工程，都是僅見的。最後，形成了世界上最早集成的最完整的「大藏經」。

「大藏經」是漢文佛教經典的總稱，它也具體指彙輯漢文佛教典籍而編成的一套大叢書。這是它的初始含義。後來發展到泛指一切文種的佛典所編成的大叢書，如中國又有西夏文、藏文、滿文、蒙文等大藏經，世界上還有巴利文、日文等大藏經，等等。可是最早的、流傳有序的，在世界文化史上影響最大的，還得數漢文大藏經。它的內容，以漢譯的南亞次大陸佛典經、律、論三藏為主，還包括一些南亞次大陸和中國等國的佛教撰述。編輯大藏經，在中國是從南北朝時期開始的，那時叫「一切經」。到隋朝的時候，有了「大藏經」這個新名稱。當時全靠手抄。盛唐開元年間，智昇編成著名經錄《開元釋教錄》二十卷，其「入藏錄」部份載有佛典一零七六部，五零四八卷。智昇還編成了類似「館藏目錄」性質的《開元釋教錄略

相傳由高僧刺血寫成的血經

出》四卷，按《千字文》順序，對一零七六部典籍都給了「書號」。智昇等僧人的工作成果，從反映的內容方面看，帶有劃定入藏範圍的「國家書目」性質；從編目方法上看，有二級類目架號，相當精密完善，成為後來編印大藏經的準繩。

宋太祖開寶四年（九七一）敕命在雕版力量雄厚的成都開雕大藏經，太宗太平興國八年（九八三）完成。共雕版十三萬塊。每版正文二十三行；每行空天頭兩字空地腳一字，實刻十四字，滿行十七字；版尾有小字一行，刻經名卷數，本卷用紙張數序列號（即本卷雕版序列號），千字文號。卷尾有經名卷數和雕造年代題記。這些格式，長期為以後雕造的大藏經所遵循，成為定式。

這部藏經，後人習稱為「北宋官版大藏經」，亦稱「蜀版藏經」，常簡稱為《開寶藏》。刻成後運到當時的首都汴京（今河南開封），在印經院印刷，裝成卷軸本，分四八零帙，帙以千字文為序，帙內各卷以數目字為序，構成二級書號。千字文始「天」字終「英」字。這種裝帙編號方法，也長期為以後的雕版大藏經所遵循。

中國漢文版的大藏經有殘本和全帙傳世者計十多種。除《開寶藏》外，宋代有《崇寧藏》、《毗盧藏》、《圓覺藏》、《資福藏》。遼代有《契丹藏》。金代有著名的《趙城金藏》。宋元之際，有《磧砂藏》。元代有《普寧藏》和《元官版藏經》兩種。明代則多至六種版本，即《洪武南藏》、《永樂南藏》、《永樂北藏》、《武林藏》、《萬曆藏》、《嘉興藏》。清代，有官刻本「龍藏」，又稱「清藏」，其正名可稱《乾隆藏》。民國以後，中國還出版過兩種鉛印本藏經，即《頻伽藏》和《普慧藏》（此藏未出完中輟）。這些藏與一般寺院有關者，當推明正續《北藏》和清《乾隆藏》。這是因為，明清兩代皇帝每以御刻藏經頒賜名寺。受賜各寺必因之建藏經閣，立賜藏經碑於閣前。

明代御刻藏三次，其中在南京兩次，依帝號稱《洪武南藏》、《永樂南藏》。

前者旋即燒失原版，今只殘存印本一部；後者開放供民間請印，版至清初尚存尚印，愈印愈邋遢，留存整部與零本不少，但不甚被版本目錄學家重視。在北京一次，稱《永樂北藏》，永樂十九年至正統五年（一四二一—一四四零）間在北京刻成，收佛典一六五七部六三六一卷。萬曆十二年（一五八四）又續刻四十一卷補入。這部大藏經只供頒賜用，得者必須建閣立碑。

福州湧泉寺藏經閣的御頒藏經。湧泉寺以藏經七千五百多冊，另有經版萬餘方和血經六百七十五冊，馳名於國內外。

《乾隆藏》全稱「乾隆版大藏經」，簡稱「清藏」或「龍藏」，是清雍正十三年至乾隆三年（一七三五—一七三八）間在北京刻印的。清御刻只此一種，亦為中國最後一部木刻版漢文大藏經。計一六七零部七一六六七卷，雕版七八二三零塊，現存北京首都圖書館。此版印刷不到二百部，早期亦僅供頒賜用。二十世紀末有文物出版社據原版新印本。

朝鮮和日本受漢化佛教影響極深，分別編印過多種大藏經。其中漢文大藏經有正續初版和再版《高麗藏》、《天海藏》、《黃檗藏》、《弘教藏》、《卍字藏》及其《續藏》和《大正藏》。

日本編印的《大正藏》（《大正新修大藏經》），目前在國際上較為流行，各大圖書館多有收藏。該藏收錄經籍三零五三部一一九七零卷，分裝八十五冊，並附有《昭和法寶總目錄》三冊，圖像十二冊，總計一零零冊。近年來又編印出四十八冊《索

搜羅宏富的新版大藏經——《中華大藏經》。

引》，又有附檢索功能的光盤版。因其常見好用，一般學者常用的多是這部大藏經。

一九八二年，中國成立《中華大藏經》編輯局，重編《中華大藏經（漢文部份）》，旨在編輯出版一部迄今為止搜羅最為宏富而且以稀世珍本為影印底本的新版大藏經。《中華大藏經（漢文部份）》將二萬餘卷已入藏的佛教經籍全部收錄，分為正續兩編。「正編」以《趙城金藏》作底本，按《趙城金藏》千字文編次的目錄體系影印。佚缺部份用《高麗藏》補足，並按內容性質，補入歷代藏經中有千字文編次的特有經論。「續

房山雲居寺遺蹟——石經山藏經洞。

編」所收經籍包括以下各版藏經：《房山雲居寺石經》（「正編」已收者除外）、《頻伽藏》、《普慧藏》、《大正藏》、《嘉興藏續藏》、《嘉興藏又續藏》、《卍續藏》。除去個別重複的經論外，《中華大藏經（漢文部份）》正續兩編所收經籍的總數達四二零零餘種，二三零零零餘卷。正續兩編分裝二二零冊。

最後，極有必要簡介一下房山雲居寺石經。雲居寺位於北京西南郊七十公里處的房山縣白帶山麓。始建於隋唐，遼、金、元、明、清各代都有修葺，二十世紀四十年代毀於日軍炮火，今已在遺址新建寺院。院內有新建的經版庫和唐、遼塔群，白帶山上有石經山藏經洞，是一個大學術寶庫。房山雲居寺石刻佛教大藏經（簡稱房山石經）始刻於隋朝大業年間，終於明末，綿延達千年之久，刻經一千餘部，三千四百餘卷，是中國現存規模最大的石刻佛經，也是世界上最古、最大的一座石刻圖書館。

中國佛教協會於一九五六年至一九五八年對房山石經進行全面調查、發掘、拓印。後來經過二十年整理、編目、研究，發現房山石經的遼、金刻經是以失傳已久的《契丹藏》為底本的復刻本。一九八七年起，中國佛教圖書文物館影印出版《房山石經》（編成五十六冊）。

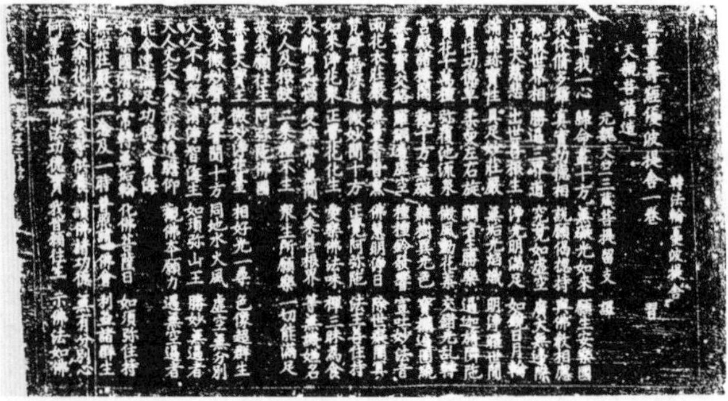

房山石經中遼刻《無量壽經》。

（二）

佛寺藏佛經之處，尤其是藏大藏經之處，稱為「藏經閣（殿）」。一般安置在中軸線上最後一進，為兩層正殿。那是佛教內部的專業「圖書館」。

此種兩層佛閣，下層常為「千佛閣」，中設毘盧遮那佛為主尊，沿壁立小龕設千佛乃至萬佛（萬佛閣），象徵眾佛結集會誦讀經。也有居中設三世佛的。同時，在上層沿壁立櫃櫥安置藏經。中間設條桌供讀經用。這種安排建置稱為「壁藏」。在此基礎上，有沿壁建成樓閣式小木結構以存藏經的，稱為「天宮藏」。這是因為，據佛教傳說，佛滅後，法藏隱於兩處，一為龍宮海藏，一為天宮寶藏。天宮指兜率天彌勒菩薩住的那處著名的內院，那裏收藏一切經。「天宮藏」就是規仿天宮寶藏的。

另有一種「轉輪藏」，簡稱「輪藏」。那是特建一間殿閣，常為兩三層高，通貫其中。在地下設一個大轉軸，軸上安一個八面（或六面）大龕，龕上每面安抽屜儲經。這個龕能推着轉。據説，南北朝時梁代有個佛教信士傅翕（四九七—五六九），看到文盲不能讀經，就創造了這種機制，叫他們推着轉。轉一圈就等於讀了一遍經。安轉輪藏的閣，稱為「轉輪藏殿」。以其費工，唯大寺方有之。河北省正定龍興寺、北京萬壽山等處者可為代表。可是這個龕乃一龐然大

佛門智慧的寶庫——藏經閣。

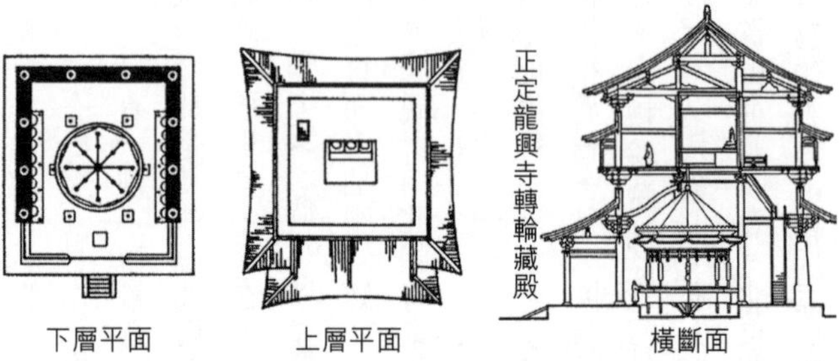

轉輪殿平面及橫剖面圖

物，轉起來相當費力。據說，宋朝有的廟就造小型轉輪藏，只放少數經卷，推起來飛快，既好玩又不費力，於是信士趨之若鶩。推一圈交三十六個銅錢，寺中得利甚多。還有一種轉輪藏，本身動不了，信眾可以繞着它轉。北京智化寺所建即此種。

中國古代的建築業人員掌握了建造經藏的精美技能技巧。宋代李誡所編世界建築名著《營造法式》卷十一「小木作制度六」，就是專講「轉輪經藏」和「壁藏」的。說到實例，輪藏前已舉數例，天宮藏的代表作在大同華嚴寺，精美絕倫，是為國寶。

十一、塔與經幢

（一）

塔，原是南亞次大陸的一種墳，佛教徒沿襲為藏舍利、骨灰之用。原型只是覆鉢式，缺少變化。到了中國建築家手中，化腐朽為神奇，變化多端，大放異彩。首先是用途加多，有作藏經用者，有供瞭望用者，等等。更重要的是形制種類繁多，方形、六角、八角、十二角、圓形等全有；木造、磚造、石造、金屬的各異。

漢化佛教的塔，主要可分為地宮、基

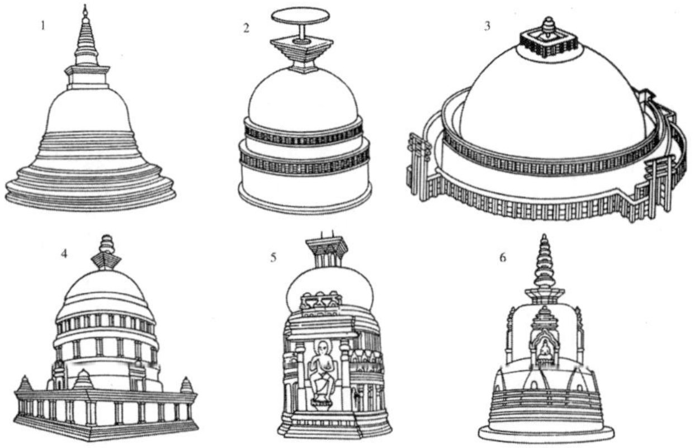

古代南亞次大陸的塔

座、塔身、塔刹幾部份。

地宮是中國式佛塔特有的結構，它的性質與中國古代帝王陵寢的地下宮殿相似，但形制不大。地宮是用磚石砌成的不同形狀的地穴，大都建在地面之下。地宮主要用來埋葬佛舍利，還常埋有佛經、珍寶及其他器物。

塔基是整個塔的基礎，在地宮之上。早期塔基一般較低矮，唐代以後，塔基明顯地分成基台與基座兩部份。基台就是早期的塔基，基台上承托塔身的座子為基座。宋元以後各種塔的基座越來越往高大華麗發展。塔基保證了建築物的穩固，也使塔顯得更加莊嚴雄偉。

塔身是塔的主體，內部分實心和中空兩種。塔身中空的，一般能登臨遠眺。塔的層數也有講究，但各種佛經所說並不統一。一般地說，層數最多的是十三層，象徵釋尊涅槃後藏舍利的七寶塔。以下則大約是菩薩七層，緣覺六層，羅漢五層，「不還果」果位者三層，「一來果」兩層，「預流果」一層。十三層以下七層以上的，大約都是成佛果者的象徵。這些數字非出一經，其中有不少矛盾，不可執着。

每座塔上都裝有一個頂子，有尖的、圓的；有磚石砌的，有金屬製作的，形式多樣，這就是塔刹。塔刹是全塔最高的部份，冠表全塔，因而用了「刹」字。它的

北京真覺寺金剛寶座塔，明代時以印度佛陀伽耶精舍為藍本建造。造型近似於古代南亞建築，但結構、塔身雕刻則是中國的傳統風格。

意思是土田，代表一個佛所掌握的一處國土，也稱之為佛國。塔剎是用來收結頂蓋的，但人們對它做了精細的藝術加工，並賦予許多象徵意義，使之玲瓏挺拔，高插雲天，同時又代表以下各項事物：

剎竿，直立到頂串連諸物的一根直竿。代表佛寺幡竿。

相輪，即剎上的圓盤狀物，由剎竿串連。「相」是「表相高出」之「相」，圓輪聳出，人仰視之，以為表相，故曰「相輪」。一般是九個，稱為「九輪」。也有多少的規定，但各經更多矛盾。總之，一般不多於十三個。

圓光，即刹上豎立的圓盤或葉狀物，代表放自佛、菩薩頂上的圓輪光明。

仰月，即刹上新月形物，代表密宗「金剛界」的月輪。

寶蓋，是「飾以寶玉的天蓋」，如平頂有檐傘狀。象徵佛座上的七寶華蓋。

寶瓶，瓶狀物，即「軍持」，南亞次大陸的一種水瓶。佛教徒以之為用具，並以之為法具，灌頂、浴佛均用之，故稱寶瓶。觀世音菩薩手持的淨瓶就是軍持的變種。

寶珠，居刹頂，常作火焰形中含圓珠，故又稱「火珠」。此物全名摩尼寶珠，又稱如意珠。它出於大海中，能產生諸珍寶，能除「四百四病」，又是舍利的標幟，故立於最高處。

中國塔的建築形式豐富多彩。早期的塔似乎是由漢代的高層木建築樓閣變化而來，多建築在寺院的中心。史書記載中最大的木塔是元魏時建造的洛陽永寧寺塔，高一千尺，百里以外都能看得見。可惜這座塔建成不久就焚毀了。現存最古的塔是公元五二零年建造的河南嵩山嵩嶽寺十二角十五層密檐式磚塔。塔身有用蓮瓣作柱頭和柱基的八角柱，有用獅子作主題的佛龕，有火焰形的卷紋，造型優美。在這一時期，木塔逐漸減少，磚塔增多。這可能是考慮到防火的問題，同時，木結構工程建築要求較高，造價也大。十世紀以後，新建木塔就少見了。

唐代以後的漢式磚塔大致有兩種類型：一種是形同木塔，層層相累，稱「樓閣式塔」；一種是在一個高大的塔身上加多層密檐，稱「密檐塔」。唐代的塔一般都是四方形的多層磚塔。在塔的表面上表現出木結構的柱樑斗拱等。如西安慈恩寺大雁塔（六五二年建）、薦福寺的小雁塔、香積寺塔（六八一年建）、興教寺的玄奘塔（六六九

河南嵩山嵩嶽寺塔，建於北魏時期，是中國現存最古老的磚塔。

大慈恩寺內的大雁塔，建於唐代，已成古都西安的象徵。

年建）等都屬此類。密檐塔因其分層出檐較多而呈現出優美的外形，成為中國塔的一種重要類型。如嵩山永泰寺塔和法王寺塔，雲南昆明慧光寺塔和大理崇聖寺塔都是此類塔的典型結構。此類塔一般是兩層重檐，頂上有磚或石製的刹。只有唐代嵩山會善寺的淨藏塔（七四六年建）是單層八角形的，塔身用磚砌出柱樑斗拱門窗等。

十世紀以後，八角形的佛塔成為標準形式。建造方法也改變了，原來是外部用磚砌成筒形，內部加上木樓梯、木樓板，這時期改用各種角度和相互交錯的筒形券，把樓梯、樓板、龕室等砌成一個整體。山東長清靈岩寺的辟支塔，河北正定開元寺的料敵塔（一零五五年建）都屬此種類型。河南開封六角形的繁塔（九七七年建），開始採用琉璃造的佛像和花紋處理塔面。其後開封祐國寺塔（一零四一—一零四八

薦福寺小雁塔建於唐代，原十五層。明時關中地震，
塔頂兩層垮塌，今餘十三層。

年建），俗稱「鐵塔」，即採用二十八種琉璃面磚砌出牆面、門窗、柱樑、斗拱等。河南濟源延慶寺塔也屬同一類型。宋代在長江流域建造很多八角形塔。杭州靈隱寺大殿前有石雕雙塔（九六零年建），高僅十米，而有九層，雕刻成仿木結構的形式。蘇州報恩寺塔、杭州六和塔和保俶塔，都是用磚砌成的仿木結構形式的塔。檐椽部份雜用木料。到了清代，因木檐椽多已朽敗，這些塔已變得面目全非。修理時採用了不同的處理方法。重修後的報恩寺塔接近於原形；六和塔在塔身外加上一層木結構，極不相稱；保俶塔只保存了塔身，形成了柱形塔。

中國現存的唯一古木塔是山西應縣佛宮寺的釋迦塔（一零五六年建），高六十六米，共有五層。河北涿縣雙塔（一零九零年建）則是仿應縣木塔形式建造

遼代建築的應縣木塔

廣勝寺飛虹塔始建於漢代，屢經重修，現存為明代建築。

的磚塔。

遼代在河北中部以至遼寧等地建造了若干八角形的密檐塔，傑出的典型是北京天寧寺塔。最特殊的是福建泉州的雙石塔（十三世紀三四十年代建），全部用石料仿木結構建成。

元代藏傳佛教傳入內地，在漢族地區出現了西藏式的瓶形塔。北京妙應寺的白塔（一二七一年建），是尼泊爾的工藝師阿尼哥所設計的。山西五台山塔院寺塔（一五七七年建）和北京北海公園的白塔（一六五一年建），都屬這種類型。

中國現存的佛塔，大部份建於明清時代，在造型上，明清的塔斗拱塔檐很纖細，環繞塔身如同環帶。太原永祚寺的雙塔，北京玉泉山塔（十八世紀建），便是這時期的多層塔的典型；北京八里莊慈壽寺塔（一五七六年建），是這時期密檐塔的典型。還有山西趙城縣廣勝寺的飛虹塔，是用琉璃面磚裝飾的，八角十三層，高四十米以上，北京玉泉山也有一座清代的小型琉璃塔。

元代藏傳佛教傳入中原以後，喇嘛塔在華北地區開始流行，其中最有代表性的是金剛寶座式塔，它的特點是在很高的下帶大城門的塔座上並列五座塔，其中中央一座最大。這些塔都是覆鉢式的瓶形塔，帶有尼泊爾和西藏風格，其中有代表性的如北京五塔寺塔（一四七三年建），北京香山碧雲寺金剛寶座塔等都是。

建塔一般都選擇風水形勝之地，並且考慮到與當地的自然景觀和其他建築相調和，可以說，有了塔，就使得那裏的景觀更美。二十世紀三十年代，燕京大學在未名湖畔建水塔，就考慮到要與園林環境相諧調，不惜巨資將其建成密檐式塔。至今，塔影湖光，仍為北京大學校園風景最美之處。塔之功用可謂大矣。

在中國各地，除了佛塔外，還有一種「文風塔」，或叫作「風水塔」。那是過去科舉時代，人們為了祈求本地方的文人能中試及第而建造的。這種塔一般都仿照佛塔形式建造。

二十世紀五十年代以後所建最著名的塔就是一九五八年在北京西山建造的佛牙舍利塔，供奉釋迦如來靈牙舍利，一九六四年落成。塔有十三層，高五十八米，採用傳統的密檐形式，而在結構、刹頂方面，都有創新的地方。它的形態優美，頗為山林增色。

塔院是和尚公墓，其中的塔都是墓塔。入塔的都是高級僧尼，在當時產生過一定影響。要注意其碑誌，常有稀見史料。因為塔院的塔多，故又稱為塔林。附有塔林的寺院必為著名大寺，如北京潭柘寺、山東長清靈岩寺、河南嵩山少林寺等處均有之。小型的只有幾個塔的塔院則更多，那就

少林寺的塔林，現有自唐至清千餘年間的磚石墓塔二百二十五座。

稱不上塔林了。塔林乃寧靜之地，不容戲鬧，近見有許多武打影片中竟大拍特拍在塔林中開打鏡頭，而且常由和尚勾人進去打，那是絕不可能的事。

（二）

經幢是漢化佛教一種最重要的刻石，屬密宗系統。鑿石為圓柱或稜柱，一般為八角形，高三四尺，上覆以蓋，

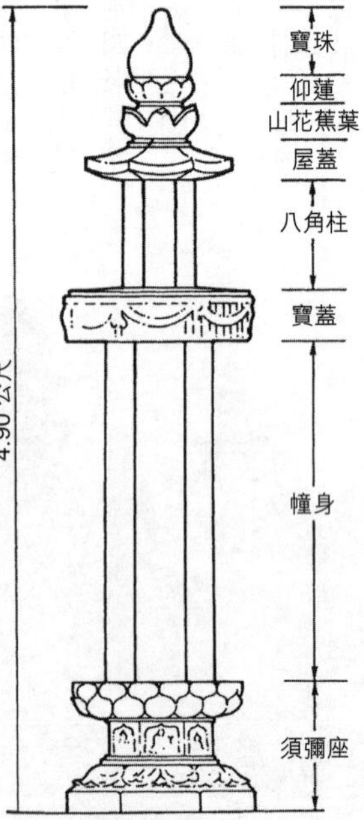

唐乾符四年幢

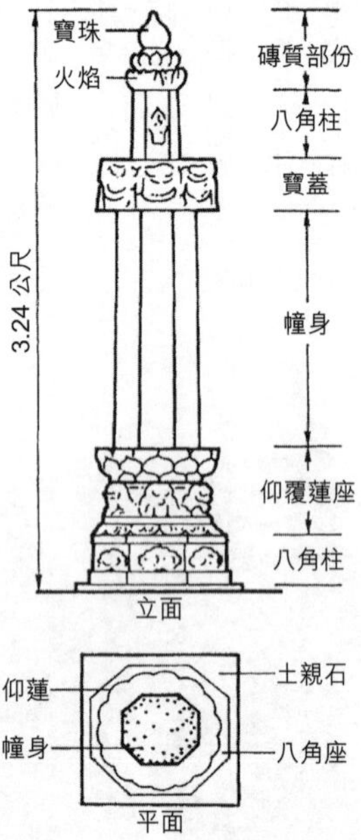

唐大中十一年幢

經幢圖

下附台座。幢各面及柱頭部，各刻佛或佛龕。在周幢雕像下，遍刻經咒，以《尊勝陀羅尼》為最多。

和經幢有關的有個有名的故事，說是，三十三天中有一位善住天子，做了一個夢，這個夢預示他七天以後命終，進入輪迴，要七次變成畜生惡道身，以後還可能墮入地獄。夢醒以後他非常恐怖，就去請求三十三天的總領導帝釋天搭救，帝釋天趕緊跑到祇園精舍，請釋尊設法。釋尊說，有一部《佛頂尊勝陀羅尼經》，能淨一切惡道，能淨除一切生死煩惱。如果有人聽見這個經的一句，他前世所造的一切要下地獄的惡業全都消滅；於是，傳此經給帝釋天。經幢和它上面所刻的《佛頂尊勝陀羅尼》主要就是根據這個故事生發建造的。據說，順時針方向繞經幢至少七圈口誦《陀羅尼》就能消滅罪孽，這種信仰盛行於武則天時代，經幢也在這時如雨後春筍一般在全國建立。北宋以後，經幢隨着密宗的衰竭而衰竭。

十二、受戒與戒壇

（一）

漢化佛教是有嚴密組織與紀律的宗教團體。其信徒依所受戒律約束之寬嚴等不同和男女之別，被區分為三個半層次七種類型：

比丘（意譯「乞士」），出家後受過「具足戒」的男僧。俗稱「和尚」。

比丘尼（意譯「乞士女」），出家後受過「具足戒」的女僧（尼）。俗稱「尼姑」。

比丘和比丘尼是真正的出家人，在佛教徒中屬最高層次。

式叉摩那（意譯「學戒女」），年滿十八歲的受過「沙彌戒（十戒）」的女性，在受「具足戒」以前，要用兩年左右時間受「六法戒」，此時稱式叉摩那。男性則不需經過此種審查。所以，它只是專為女信徒所設的「半個層次」候補期。

沙彌（意譯「勤策男」），七歲以上二十歲以下受過「十戒」的出家男子。

漢化佛教以熱愛勞動、自理生活為傳統。現代女尼溪邊洗衣，樂在其中。

沙彌尼（意譯「勤策女」），七歲以上十八歲以下受過「十戒」的出家女性。

沙彌和沙彌尼屬一個層次，只能說是候補的出家人。

優婆塞（意譯「信士」、「近事男」），受「三皈」、「五戒」的在家男信徒。

優婆夷（意譯「信女」、「近事女」），受「三皈」、「五戒」的在家女信徒。

優婆塞常被稱為「居士」，推而廣之，優婆夷則可稱「女居士」。這「居士」一詞，乃是以漢語原詞（原意大約近於「隱士」）套譯梵語而來，音譯是「迦羅越」。梵語原意指有錢的大財主，轉而成為居家修道的人的稱呼。在漢化佛教中，「居士」這個稱呼比「優婆塞」、「信士」、「近事男」要通行，已成為對在家信徒的通稱與敬稱。但應注意，如本文中前後所述，要成為「居士」、「女居士」，一定得在寺院中歸投一位法師，由法師為他或她行受「三皈」、「五戒」儀式，才算合格。倘能進一步受在家菩薩戒，那就更好。沒有執行過這套手續的人，即使信仰佛教，也不能叫「居士」。

還有幾個有關出家人稱呼的專名詞，也在這裏説一説：

沙門：南亞次大陸古代，反婆羅門教思潮的各教派都有出家修行的人，佛教徒的出家，特別是始祖釋迦牟尼出家，還是向這些教派學來的呢。這些各派出家者通行的音譯為「沙門」或「桑門」。本義為「止息一切惡行」。南亞次大陸古代其他教派既未在中國流行，「沙門」也就成為漢化佛教出家二眾，特別是比丘的另一專用名稱了。

釋子：全稱「釋迦子」，義為釋迦牟尼的弟子，泛指佛教出家人。東晉高僧道安提出出家人應姓「釋」的主張。後來譯出《增一阿含經》，在其卷二十一中載：「於如來所剃除鬚髮，着三法衣，出家學道，無復本姓，但言『沙門釋迦子』。」

於是眾服道安先見。此後漢化佛教出家人法名前均冠以「釋」字，「釋子」成為出家五眾通稱。

和尚：中亞語的不確切音譯。也寫作「和上」。確切的音譯是「鄔波馱耶」。意譯「親教師」等。它原是南亞次大陸的俗語，義近於漢語的「師傅」。在漢化佛教典籍中，原作為對出家人中師長的尊稱，現代則衍變成對男性出家人的一般性稱呼。

尼姑：梵語女性詞尾音為「尼」，如「比丘尼」為女性比丘，「沙彌尼」為女性沙彌，皆是。漢語節取「尼」字音譯，加上「姑」字，成為一個不倫不類的音加義譯的詞，在稱呼上總覺缺少敬意。對沙彌尼稱「小尼姑」，更使人有此種感覺。所以最好不用，特別是當面絕不能如此稱呼。

僧人、僧、尼：俗稱比丘為「僧人」，簡稱「僧」。這是梵語「僧伽」的節略。其本義為「和合眾」，即按佛典規定，四比丘以上和合共處修道的集體。今稱個體為「僧人」、「僧」，相對地稱女性為「尼」（即上段所說女性詞尾），乃是漢語一種特殊的改譯引申。近現代世俗人等也稱比丘為「大僧」，稱比丘尼為「二僧」；有的稱比丘為「首堂」，稱比丘尼為「二堂」。這些稱呼不見於佛典，只是民間俗稱罷了。

法師：梵文的意譯。它本是一種學位的稱號，義為通曉佛法並善於講解，同時致力於修行傳法的僧人。也就是說，不是任何僧人都可以稱法師的。例如，今天漢化佛教的青年出家人，一般需在正規的佛學院學習過並結業，再通過某種考查或考試，才能取得這種資格。可是世俗常用來尊稱出家五眾，如：稱年老者為「老法師」，對青年人稱「小法師」，那也是外行人的俗稱，不足為訓的。應該說明，在傳統的佛教學位中，還有比法師更高的學位，那是依據學習佛教大藏經「三藏」的功力來頒發的：

精通經藏的，稱為經師；

精通律藏的，稱為律師；

精通論藏的，稱為論師；

更高的是精通經、律、論三藏的，稱為「三藏法師」。其中兼通梵、漢兩種以上文字佛典，主持譯經事業的高僧，特稱「譯經三藏」，那是最高級的。如著名的唐代玄奘，就是這種超級法師，俗稱「唐三藏」者是也。

今人對一般僧尼稱為「某某（法名）師」，對僧尼中的知識分子類型人物稱「某某法師」或敬稱「法師」、「大法師」，對寺院住持敬稱「大和尚」、「上人」、「長老」，都是通俗性敬稱。入寺隨喜，從俗便可。但不可當面稱呼「小和尚」、「小尼姑」、「尼姑」，那就顯得自己既無禮又無知了。

以上出家五眾，在家二眾，合稱七眾。這就是整個佛教徒的構成，是按受戒深淺多少分級的。

三皈依，簡稱「三皈」，是最基本的入佛教信條，故亦譯作「三皈戒」。佛教任何信徒在入教時必須先於本師（即接受其入教的比丘或比丘尼）之前受此戒。三皈依即皈依佛，皈依法（佛法），皈依僧。以佛為師，

老法師對四眾講授佛法

以法為藥，以僧為友，對此三者歸順依附。

五戒，五項基本戒條，一切佛教徒均應嚴格遵守。也是最起碼的戒條，受此戒即為信士、信女。這五戒是：不殺生，不偷盜，不邪淫（不與自己妻子以外的人亂搞男女關係，對出家人而言則為斷絕一切男女關係），不妄語（特別是不能說不利於佛教的話），不飲酒。五戒的反面是「五惡」，在家二眾犯了須深深懺悔。

十戒，是沙彌和沙彌尼須遵守的十項戒條，出家五眾當然均須潔持。內容是，除五戒外，再加上：不塗飾香鬘，不自作亦不視聽歌舞，不坐高廣大床，不非時食，不蓄金銀財寶。

不塗飾香鬘：即臉上不塗脂粉，身上不抹香水，不戴首飾、花環等裝飾品。此外，對出家人而言，應穿正規僧服；對在家人而言，最好不穿華麗衣服，特別在「八關齋戒」時更必須穿入寺專用服（受戒時所發）。

不自作亦不視聽歌舞：當然，更禁止到娛樂場所去。僧眾為作法事而演奏佛教音樂除外。

不坐高廣大床：當然，睡臥就更不行。

不非時食：指的是過午不食。佛教規定此項戒條時，大約是考慮到僧眾飯食當時是靠出門化緣即托鉢乞食，為減少出門次數，每天只一次，安排在早晨。飯後則進入修定。至今南傳佛教仍嚴格執行，但一般喝點牛奶、果汁、茶，吃點糖，是可以的。嚴持者只喝白水。漢化佛教，特別是禪宗，執行「農禪」制度，即從事農業生產，自己養活自己。這是個很好的制度。也因此，勞動後非吃東西不行，所以一般開了此戒，但是被認為是「藥食」，即給有病的人特別開戒吃的補養飯、病號飯。同時，本來應取回自己房內吃，叫「房餐」，而不是在齋堂吃的。

不蓄金銀財寶：對出家人而言，除隨身衣服（漢化佛教中包括臥具）、鉢、剃刀、隨身水囊（或水瓶、水壺）、縫衣針等生活必需品以外，不蓄私財。

六法戒，指的是五戒加非時食戒。對學戒女，在其由沙彌尼過渡到比丘尼的兩年時間內，對這幾項是要嚴格考察的。

具足戒（另譯「大戒」），是最後最重的戒。受此戒後成為最高級最正規的佛教徒，即比丘或比丘尼。受戒時必須具足一切條件，故稱具足戒，簡稱「受具」。其主要條件有三，即：

一定的監察僧人（中原地區十人，邊區至少五人）；

一定的場所（戒壇）；

一定的會議誓約程序。

具足戒戒條繁多，說法不一。漢化佛教隋唐以後均依《四分律》受戒，比丘戒二百五十條，比丘尼戒三百四十八條。年不滿二十歲者不得受此戒。

以上諸種戒相，大小乘佛教基本相同，只是具足戒的條文略有不同。

漢化佛教基本上是大乘佛教，對發心修大乘法的，還為他們受菩薩戒。菩薩戒分兩種：

在家菩薩戒：授予在家二眾。共六項重戒，即五戒和「說四眾過戒」。「四眾」指出家二眾即比丘、比丘尼，還有在家二眾。還有二十八輕戒，從簡不述。

出家菩薩戒：授予出家人。共十項重戒，包括在家菩薩戒中六重戒，另加「自贊毀他戒」、「故慳戒」、「故嗔戒」、「謗三寶戒」。還有四十八輕戒，從簡不述。

除以上各種正式戒以外，還有一種「八關齋戒」，也在這裏說一說。此戒簡稱「八戒」，是為想在短時期內過一過出家癮的在家信士、信女準備的。具體內容是十戒中除去「不蓄金銀財寶」以外的那九戒。此九戒中，不非時食為齋，其餘為戒，合稱八關齋戒。持戒最少一晝夜，多則不限。捨戒後還可再受，次數不限。《西遊記》中開豬悟能玩笑，稱其為豬八戒，蓋喻其乃臨時短期出家，時動還俗之念也。

殺、盜、淫、妄，即五戒中前四戒，一般說絕不能開戒，稱為四根本戒。其餘戒條，平時應當「遮護」（即遵守），在一定條件下可以「開」。

（二）

設立法壇、戒壇，為七眾傳授戒法，稱為傳戒，亦稱開戒或放戒。就求戒者來說，則為受戒、納戒、進戒。

傳戒分為三級三次，稱三壇：初壇傳十戒，二壇傳具足戒，三壇傳菩薩戒。即，在受具足戒後，再受菩薩戒和三聚淨戒。聚，類別之意。三聚淨戒，意為三種或三類戒：

攝律儀戒，即遵守初壇二壇所受各種戒條。

攝善法戒，即修善積功德。

攝眾生戒，即進行佛教宣傳以濟度眾生。

實際上，後二者非戒條，而為對佛法的實踐力行。

現在把傳戒方式大致說一說：

初壇傳十戒，於法堂或其他適當壇所集體舉行。鳴鐘集眾，由傳戒和尚講說受十戒的意義與內涵，最後向受戒者一一提問：「盡形壽能持否（一生中能不能奉行）？」受戒者回答：「依教奉行。」或簡略答「能」也行。初壇就算告畢。

近現代傳戒一般都是連受三壇。初壇後不久即開二壇。二壇戒最為隆重。二壇傳具足戒，於戒壇舉行。在此先把二壇受戒的戒壇說一說。

設有戒壇的多為大寺院。戒壇常設於寺院左後側（東北後區）或右後側（西北後區），自成格局，另為一院。院中正殿為戒壇殿，正殿前立一小山門殿，以示從此進入即受戒得解脱入空門之義。此殿正面供釋尊十大弟子之中持律第一的優波離，以其為律藏首誦者之故。因此，此殿又名「優波離殿」。

戒壇殿一般為方形大殿，中設三層玉石砌成的戒壇。戒壇為正方形，每層四面均有石龕，龕中安置小型戒神。龕外站有比石龕要大的大型戒神。這些位戒神都是戒壇的守護神，包括諸天、梵釋四王、天龍八部、伽藍、土地、金剛力士等等，究竟誰是誰，很難指實。總之，凡不是佛、菩薩、羅漢系統的那些護法神，幾乎全到了。還可能摻沙子加入了一些《封神演義》等系統的道教類天神，熙熙攘攘，濟濟一堂，好不熱鬧。可惜好景不長，這些泥塑木偶以其形體不大，不過在零點二米至一米之間，又不是固定的，很容易被人抱起來就走，所以在解放以前常被盜賣，流出國外。今北京戒台寺戒壇殿內新添泥人張所塑戒神百多尊，略存其意而已。

二壇戒進行時，戒壇上正面設蓮花座，供釋尊像。下設三師七證坐椅十張。上首三張，三師坐；左側三張，右側四張，七證坐。總稱為「十師」。

三師及其坐法：

中間坐「衣鉢傳燈本壇阿闍黎」，即受戒的主師。阿闍黎（意譯「軌範師」、「導師」），意為教授弟子並糾正其行為者，是弟子的師範。

左邊坐「羯磨阿闍黎」，亦稱「羯磨師」。「羯磨」原是佛教徒的日常辦事會議制度。羯磨師是這類會議的執行主席。

右邊坐「教授阿闍黎」，亦稱「教授師」，是對受戒者傳授佛教生活規範、規章制度的。

三師缺一不可。至於七證，都尊稱為「尊證阿闍黎」，略少略多於七位都可，他們是證明人。

受二壇戒時，不像初壇、三壇那樣聚眾集體舉行，而是編組進行。一般以一至三人為一組，稱為「一壇」。無論傳初壇二壇還是三壇戒，事前都要反覆演練，稱為「演儀」。正式傳戒時更為隆重，一般是不許非信徒俗人觀禮的。

受二壇戒的大致情況如下：鳴鐘集新戒於法堂，再迎請三師七證入戒壇。然後受戒者一至三人一組，分組入戒壇受戒。

先由教授師下壇對新戒說明「衣鉢」的含義，然後逐一詢問：「今此衣鉢是汝自己有否？」答：「有。」

然後教授師在壇下對新戒逐一詢問是否犯過「十三重難」、「十六輕遮」。「十三重難」是有十三種重大罪過或問題，如殺父母、殺羅漢、刺佛身出血、姦污比丘尼等。「十六輕遮」是十六種妨礙出家的問題，如父母不准出家，沒有衣鉢，現有債務，現為奴隸無人身自由，現為官吏，有某種不能參加僧伽集體活動的病（如長癩等皮膚病，還有精神病）等。受戒者要逐條逐項回答。這屬於受戒前的初步審查，稱為「預審」。下一步上壇時還要再問一遍。

接着上壇傳戒。經再次詢問後，三師七證表決通過授具足戒。授戒後由傳戒和尚講說「四根本戒」，說明它是具足戒的根本，別的戒條都是這四戒分出的枝葉，服從於它，此四戒任犯一戒即失去比丘資格。最後命受戒者下壇學習：漢化佛教中，比丘學二百五十條比丘戒，比丘尼學三百四十八條比丘尼戒。至此，二壇完畢。

三壇傳菩薩戒，於大殿或大殿前丹墀（人多時）集體舉行。齊集後，由菩薩戒法師講述甚麼是「三聚淨戒」。然後領導受戒者，禮拜奉請殿上預置高座中供奉的釋迦牟尼佛為本師得戒和尚（導師），拜文殊菩薩為羯磨阿闍黎，拜彌勒菩薩為教授阿闍黎，拜十方一切如來為尊證阿闍黎，認十方一切菩薩為同學諸侶。這是第一階段。

下一階段，戒師教導受戒者，懺悔三世罪孽，並發十四菩薩行大願。最後戒師宣說十重四十八輕出家菩薩戒（為比丘、比丘尼）或六重二十八輕在家菩薩戒（為優婆塞、優婆夷），並一一詢問能持否，其方式與二壇戒時問答略同。問答畢，儀式告成。

據佛傳說，悉達多逾城出走成功後，便以利劍自剃鬚髮，並發願說：「今落鬚髮，願與一切斷除煩惱及習障。」接着，悉達多又和途中遇見的一個窮人交換衣服，把身上所穿王子新裝換成破爛不堪的舊衣。此後托鉢乞食為生。這就為僧人立下榜樣。僧人受戒時，必須落髮，並接受僧衣和鉢盂，所謂「衣鉢相傳」是也。

落髮，又稱剃髮，指出家時剃淨鬚髮。從內心說，這是為了去除「憍慢自恃心」，憍慢，指的是自高自大淩物不遜，仗着自己的智力勢力等輕侮佛門。從外表說，這是為了和一切「外道」即非佛門的其他修行者相區別。從悉達多斷髮時的宏願說，則是以這種舉動立誓，從此要為了給世界上一切有情（包括人畜等有知覺者）斷除煩惱習障而奮鬥。煩惱是梵文的意譯，亦可譯成「惑」。是佛教對於擾亂眾生身心使發生迷惑、苦惱等精神作用的總稱謂。煩惱習是已斷煩惱後殘留的習氣，如難陀有喜愛女人的毛病，證阿羅漢果之後，遇到大庭廣眾中男女混雜時，眼睛還是先朝女人看，這就是一種煩惱習。煩惱障則指惱亂身心使之不得寂靜不能修道的孽障。悉達多以此設誓，是說從此要破除煩惱。後來人把落髮說成「斬斷萬根煩惱絲」，似乎煩惱由之而起，一剃便能去除，則是野狐禪的調調矣。當然，剃髮也是實行樸素無華生活的一種方式。補充說幾句：初次落髮，連鬍子也刮掉。此後，凡出家人就不再留鬍鬚，但是中國有一部份僧人也留鬚，他們認為，出家時應剃掉，此後可以留。南方國家的僧人則一律不留鬚。

至於受戒時的「爇頂」，其實是這樣的：過去，漢化佛教比丘與比丘尼在受二壇戒後三壇戒前爇頂。受菩薩戒者燃香十二炷，燒成十二個疤，俗稱「燒香疤」。這是元代傳下來的非正規陋習。

有關爇頂，可以有兩點附加說明：

一點是，南亞次大陸古代的修行者中有一種以自己傷殘身體以達到修行目的的人。原始佛教對這種行為似乎並不贊成，可是在傳流過程中，各種非佛教派別和思想、修行方式也被廣大無所不包的佛教各種宗派分別採納。從南北朝時起直到近代，佛教徒，特別是僧尼往往有自殘身體以達到某種修行或化緣目的的。例如金代崔法珍斷臂募捐刻成大藏經（就是著名的《趙城藏》），在當時成為美談。至於煉指、煉臂之事更是屢見不鮮。漢族原來嚴守儒家「身體髮膚受之父母，不敢毀傷」的教戒，所以對這種行為並不贊成。但是有人已經這樣幹了，出於讚嘆憐惜的心理，也不能不努力捐輸，因此這種事代代不絕。僧尼爇頂，可以看成是這類行為的微型化，究其實無非是一種有損無益的行為，並不能給佛門增加光彩。

另一點是，元代只有漢族僧尼才爇頂，非漢族的喇嘛教僧人不爇頂。其中帶有種族歧視的成份，也是便於元代蒙古族統治者分辨漢族中僧人、非僧人的一種標誌。從這個角度看，爇頂原來是帶有一些污辱性的標誌，後來的僧人反認為爇頂是必須履行的受戒手續，恐怕是有點數典忘祖了。現代有些武打片中讓唐代的少林寺和尚在受戒時爇頂，更是違反歷史。

由於爇頂是一種無助於修行的錯誤行為，中國佛教協會已明令廢除。

受戒畢，由傳戒寺院發給受戒者「戒牒」（受戒證明書）和「同戒錄」（相當於俗家的「畢業同學錄」）。這兩種文件傳到後代，常成為文物參考資料。

跟着談談「度牒」與「戒牒」。

度牒，是中國古代對經過國家批准「得度入道」的僧尼所發的證明書。它是由國家中央政府對出家僧道等實行統一管理後正式出現的。南北朝姚秦時開始立僧官，任命有道行的大和尚掌管僧錄。僧錄就是僧眾的名冊。政府既然掌管僧尼的簿籍，就必然要發給已登記的僧尼一張憑證，以資查考，這便是「度牒」。度牒制度始於何時，現在很難確定。唐代僧尼隸於祠部，由祠部給牒，這是今日所知的正式度牒的開始。所以度牒在唐代又叫祠部牒。以後各朝主管機關名稱職任有變動，但是這個制度一直沿襲下來，大約到清代乾隆末年才停止。

僧尼有了度牒，身份明確而特殊，能享受許多特權，如免除地稅繇役（在個別朝代、年代不行）等，所以趨之若鶩。受牒必須納錢，政府也有一筆收入。富豪人家常有先買空白度牒準備臨時應用的，如《水滸傳》中趙員外度魯達為僧，用的就是早備下的度牒。又有私下買賣死和尚度牒給活人冒用的。《水滸傳》中武松的度牒就是冒用的。朝廷一到財政收支緊，要錢花，往往就想到大賣度牒，其中弊病甚大。清代乾隆時廢除，是沒辦法中的辦法。

「戒牒」是傳戒寺院發給出家受戒者的證明書，與「度牒」不可混為一談。它只起證明出家人身份的作用，不能享受任何特權。現在「戒牒」由中國佛教協會委託傳戒寺院發給，三師七證簽名蓋章為信。

十三、僧人生活與佛事

（一）

大寺院常另設有一系列僧人的「居住生活區」。其前半部份，常安排僧房、香積廚（廚房）、齋堂（食堂）、職事堂（庫房）、茶堂（接待室）等。其中接待處即茶堂常設在某些東廂房中。有些對外營業的素菜館和賣香燭的、賣經卷佛像的（相當於專業書店）所在，也在東邊。所以，進廟有事，往東邊去找。茶堂前常附小花園，愛攝影者應去隨喜。

齋堂或庫房前常懸「梆」，那是一種挺直的魚形木魚，與大殿中誦經時叩擊的團圓魚口魚鱗形木魚不同，粥飯時擊之為號。旁懸雲朵狀金屬「雲版」，為報時、報午齋等用。報午齋有時也用「雲鼓」，即繪有雲形之鼓。

圓磬是誦經時鳴叩用，置殿中。另有一種扁磬，玉石質，形似雲版，懸在方丈廊外，有客來時知客鳴三下通知，有如現代的門外電鈴。

後半部份一般為方丈等高級僧人居住區，亦常配以小花園，但恐「閒人免進」耳。

（二）

有多數僧眾聚居的寺院，習稱「叢林」，它的意思是眾僧和合共居一處，如樹木之叢集為林。這原來是對禪宗寺院的稱呼，所以也叫禪林。禪宗的寺院制度較為完整，這種制度稱為「清規」，也叫「禪規」。近現代中國寺院，表面上雖有宗派傳承，實際上不甚嚴

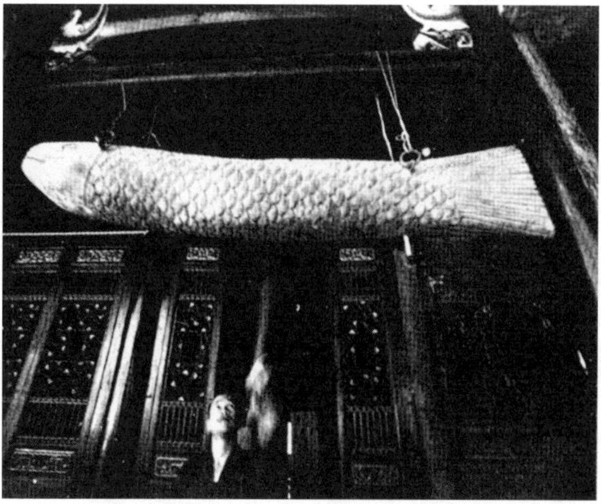

敲梆之聲一響，又是進入齋堂的時候了。

格，一般都以禪宗的叢林制度（禪林制度）為準，加以增損，具體的制度按照元代的《敕修百丈清規》，隨時代的發展而有加減。

寺僧各有所司，這些職務上的規定，也在清規之內記載，現約舉如下：

住持，是一寺之首。他住的地方稱為方丈，這是因為據《維摩詰經》說：身為菩薩的維摩詰居士的臥室只有一丈見方，但是容量無限。禪宗寺院用此說來比附住持所居的寢室，故住持亦稱方丈。俗稱「堂頭和尚」，這是因為「出堂」（正式列隊進入大殿或法堂）的時候，住持走在最前面。

住持之下的僧人，一般按照受戒的先後排列次序。一位僧尼，從受戒時到當年的陰曆七月十五為「法臘」的「一臘」，即加入僧籍一年。以後每年加一臘。法臘，指加入僧籍的年歲，與之相對的是「俗臘」，即僧尼的實際年歲。例如，一位僧尼二十歲受戒，七十歲逝世，俗臘就是七十歲，法臘就是五十歲。叢林中遇事開會採取全體合議制度，集會的座位，按法臘的多少排列，法臘最長的稱為「上座」，其發言常帶有權威性。

日常事務由各負其責的種種人員分別辦理，按照近現代寺院一般分類法，在住持之下有種種執事，大致分為序執、列執兩類，每一類又分東序、西序，細分職別可達八十種以上。打個不確切的比方，序執的工作範圍大致和大學的教學系統相仿，掌管的是燒香、上殿、藏經閣、來往文件、對外聯繫、招待客人、醫藥（包括寺院內部診療和對外診療）等。列執則大致與大學的總務後勤系統相當，管的是財政收支、庫房、伙食茶水、清理上下水道、鐘鼓巡邏等。東序西序的區別，是以東為主位，西為賓位。它本來的意思大概是：以住持為首的是寺院的主人，列在東序；輔助住持修行的待以賓禮，列在西序。實際上，這種區別到現在已經不太清晰了。

僧人的職別，細分起來，可達八十種，現在把二十世紀三十年代南方寺院比較典型的四十八單執事名位開列如下：

列執次序：

東序——都監、監院、副寺、庫師、監收、莊主、磨頭、寮元、殿主、鐘頭、鼓頭、夜巡。

西序——典座、貼案、飯頭、菜頭、水頭、火頭、茶頭、行堂、門頭、園頭、圊頭、照客。

序執位次：

東序——維那、悦眾、祖侍、燒香、記錄、衣鉢、湯藥、侍者、清眾、請客、行者、香燈。

西序——座元、首座、西堂、後堂、堂主、書記、藏主、僧值、知藏、知客、參頭、司水。

以上所列，一般讀者未必記得住，現在把隨喜時可能接觸的八大執事和其他有關方面負責人略加介紹：

八大執事是寺院的八個主要負責人，他們是：

監院：俗稱「當家的」，僅次於方丈，抓全寺實際工作。在大寺院中，方丈道高德隆，地位崇高，但不負責實際工作，也很少出面招待一般的俗客。所以，要進方丈，見住持，不是一件容易的事。一般說來，全寺的事務由監院綜合管理。他還主管全寺經濟收支，親自掌管庫房。

知客：客堂負責人，掌管接待僧俗事宜，主要接待俗客。一般高中級旅遊團隨喜寺院，或是接洽做法事，常由他出面接待。他的手下，常有幾個青年僧人充任招待導遊之類職務，和遊客接觸最多的就是這種僧人。

維那：「維」，綱維，意為統攝僧眾；「那」，梵文羯磨陀那之略，意譯「授事」，漢梵並舉為「維那」，也稱「都維那」；舊稱「悅眾」、「寺護」等。原來是掌管僧眾庶務的主要人物，其地位僅次於住持，在現代寺院中則主要負責禪堂。上殿時掌管行道儀式，類似大會主持人或司儀。

僧值：又名糾察，管理檢查僧眾威儀。威儀，意思是指坐作進退有威德有儀則。僧人有四威儀：一行、二住、三坐、四臥。僧值主要檢查這些。

典座：是廚房和齋堂的負責人。寺院的廚房，稱為「香積廚」。有故事說：眾香世界的佛叫香積佛，維摩詰曾經到眾香世界去，香積佛和那個世界的許多菩薩，正一起坐在那裏吃飯，就用眾香鉢盛滿了香飯送給維摩詰，維摩詰帶回供應一會之大眾。現在僧家的食廚叫香積廚，蓋取香積世界香飯之義。僧人的食堂叫做齋堂，是不對外的。現在有些寺院附設素菜館對外營業，供應俗客。千萬不要把這種飯館和香積廚、齋堂混為一談。

寮元：「雲水堂」的負責人。雲水堂是大寺院中招待臨時來掛單的外來僧人的。某些個別的居士或等待受戒的俗人也可短期居留。此堂可說是寺院的內部招待所。如今一些寺院也常闢有對外的招待所，招攬旅遊俗客，不可與雲水堂混為一談。

衣鉢：大寺方丈室的負責人。相當於方丈的秘書。

書記：掌握往來文件的收發起草，也就是負責寺院中的文秘工作。

除以上八大執事外，大寺院裏還有副寺，他是監院的副手，一般專門管庫房，又叫「知庫」。管理藏經閣即佛教專業圖書館的有「知藏」，相當於圖書館館長，一般由深通佛藏和有一些圖書館知識的人充當。他的副手叫「藏主」，任務是管理書庫，掌管經廚鑰匙，保管和出借圖書。一般說來，寺院的經書不借出，以山門為限。還有「悦眾」，是維那的副手。「侍者」是方丈的服務員，也兼作其他雜役。「請客」，是方丈室的傳達人員。「行者」，是以服勞役為主的僧人。

下面談僧人的打扮。先說「法服」，即僧人的正規制服。

佛教傳入中國已近兩千年，在漢、藏、傣等民族間存在着不同的佛教系統，傳流時間也有先後。因此各族的僧侶服裝不盡相同。特別是漢族，由於地區廣闊，南與熱帶接壤，北與寒帶相鄰，而且流傳時間也最久，以致漢族僧侶的服裝在各時代中常有變動，在形色上也最複雜，與原始的僧侶服制差別很大。

據說，南亞次大陸的僧服中，屬於「法服」性質的只有三種，總稱為「三衣」。它們是：（1）安陀會，又稱作「下衣」或「內衣」、「中着衣」，由五條布縫成，故又稱「五條衣」。貼身着之。（2）郁多羅僧，又稱作「上衣」，由七條布縫成，故又稱「七條衣」。着於五條衣之上。（3）僧伽胝，又稱大衣（又

僧人披閱藏經

叫「複衣」），俗稱「祖衣」。由九條到二十五條布縫成，故又稱「九條衣」。因縫製時用的布條特別多，所以又叫「雜碎衣」。這種「大衣」是僧人的人禮服。凡說法、出門見尊長、進王宮、乞討佈施時，必須穿它。三衣的剪裁綴合都作長方、正方的水田形狀，故又名「田相衣」、「水田衣」、「割截衣」。因其由這許多碎布片補綴合成，所以又叫「百衲衣」、「衲衣」。因而和尚自稱「衲子」。三衣總稱為袈裟，總的說，是以赤黃二色為主。可是還有華麗的金襴袈裟，傳說是佛祖付法給迦葉的憑證，看來更加違背佛說本義，未必如是。可是近現代大法師上堂說法常常穿用。

南亞次大陸僧人除「三衣」外，還有兩種衣服，也在此說一說。一種是「僧衹支」，梵文的音譯，又譯作僧竭支、僧腳欹迦等，義為覆膊衣或掩腋衣。是一種長方形衣片，袒右肩覆左肩掩兩腋。一種是「涅槃僧」，梵文的音譯，也譯作泥縛些那，即繫於腰部的腰衣，也譯作襌裙。它像浴巾一樣圍在腰間，掖在腹部。

這兩種是熱帶、亞熱帶人們的貼身便衣，好似現代的背心、褲衩，加上「三衣」，合稱「五衣」。這兩種內衣與中國氣候和民族習慣不合，漢族僧人不用。同時，漢地天氣寒冷，也不能僅穿「三衣」。所以，漢化佛教僧人的辦法是，把三衣穿在外面，當正式制服。內穿常服。日常生活則僅穿常服。常服是隨時代的變化而變化發展的。大致地說，南北朝時期，宗教徒，包括佛道二教的僧人和道士，都穿緇衣，與一般平民百姓之服白衣者形成強烈對比。後來道士改服黃色，緇衣就成僧人專用，甚至成為僧人代稱。「緇素」對舉，義同「僧俗二家」。可是，後來和尚也不太遵守這一不成文的規定，穿褐色、黃色、灰色常服的僧人頗多。

明初對僧侶服色有規定。洪武十四年（一三八一）令：「襌僧茶褐常服、青絛、玉色袈裟。講僧玉色常服、綠絛、淺紅色袈裟。教僧皂常服、黑絛、淺紅袈裟。」

可是到了明末，《山堂肆考》云：「今制禪僧衣褐，講僧衣紅，瑜伽僧衣葱白。」現代江南地區律宗每當傳戒時住持仍着黑常服、紅袈裟，而求戒者着黃常服、黑袈裟，猶是明代的舊制。現在僧侶的常服大多是褐、黃、黑、灰四色。在北方有黃綠色，稱為緗色的。在此五色中又各任意深淺不一，沒有一定的規制。形狀則近於明代平民便裝。至於內衣，更是隨時代變化而變化，與俗人已無甚區別。當然，顏色過於鮮艷是不行的。

由於常服顏色複雜，法服顏色也有點紊亂。武則天依唐代三品以上服紫的規定，賜給沙門法朗等九人紫袈裟，從此，唐宋時代一直都以賜紫衣為沙門的榮譽，因而引起忽視戒律的規定，隨意選用袈裟的顏色，特別是隨着常服的顏色而任意改變。如常服有緇、黃、褐等色，袈裟也有着許多顏色。另一方面，有的僧人執着於赤色的老傳統，而以朱紅袈裟為最尊重。殊不知朱紅及黑色都是戒律中不許用的純色、上色，而古代所謂披赤衣乃是紅而兼黑或紅而兼黃，不是大紅色。

袈裟，特別是大衣，左肩下有一枚大環，作為扣搭之用，名為「跋遮那」，是梵文音譯。也有音加意譯為「哲那環」的。

三衣是比丘、比丘尼所服，是沙門的標幟。沙彌、沙彌尼未受具足戒，不能服用，只能穿「縵衣」。縵者，漫也，通貫而無田相之非正規袈裟也。它由兩幅布縫製而成。比丘、比丘尼如果願穿，也可以穿。男女居士，在其受三皈五戒後，也領取一件縵衣。但這件縵衣只能在做佛事、禮拜、懺悔之時才可以穿，日常生活中不許穿，故特名「禮懺衣」。

和尚都是光頭，一般不戴帽。也有僧帽。現代內地僧人的常服僧帽，像個平頂壓髮帽。回教徒也戴類似的小帽，是白色的。而此種小僧帽則為灰暗的深色。北方冬季可戴護耳風帽，俗稱「觀音兜」。古代有「芙蓉帽」，即濟公所戴的那種，又名「元寶帽」。因為濟癲的形象深入人心，後來不瘋的僧人都不敢戴，似成濟公專用。還有毗盧帽、寶公（名僧寶志所戴）帽、天冠（俗稱唐僧帽，如戲劇中唐三藏所戴）等多種「禮帽」，做法事時，大法師有時也戴一戴。古代和尚穿芒鞋（草鞋）或布鞋，布襪。現代也隨俗。

和尚受戒時，除三衣外，發給鉢盂，為托鉢化緣用。鉢是梵文音譯「鉢多羅」之略稱，再加意譯則為「鉢盂」。它是僧人的專用飯碗。形狀是圓形，稍扁，平底，小口。原用陶器或鐵器。可是，從原則上說，這鉢盂要使用一輩子，不許毀壞。所以，後來一般為銅製，取其堅固。現代內地僧人多在齋堂吃飯，用的碗筷和外面食堂一樣，遊方托鉢僧極少，鉢盂已成為帶有象徵性的器物了。可是，到寺院掛單，必以衣鉢齊備為條件。這兩件代表僧尼的一切所有。禪宗師徒傳法，常付衣鉢為驗證信物。

禪宗講究坐禪。禪林中坐禪時，常有一人下座巡行，手執一柄「禪杖」，那是用竹子或葦稈製成的一根長棍，一頭包上軟布。看見坐禪中昏睡者，就用它輕輕一觸，喚醒癡迷。另有一種「錫杖」，是梵文的意譯，也譯作「聲杖」、「鳴杖」。是一種齊眉大棍，頂頭有金屬環，個數不定，一般是九枚，稱「九環錫杖」。這是僧人，特別是遊方僧人的乞食和防身用具。行路或乞討時，振環作聲，並用以叩門，

青花鉢盂

施主一聽就知是和尚來了。兼作防身打狗之用，格鬥時用為武器。此杖也是做佛事時一種法器，大法師多執之。名僧掛單某處，稱為「卓錫」，即立錫杖於該地之意。後來的俗人常把「禪杖」、「錫杖」混為一談；中國武術家又創造出便於作戰的特種禪杖，一頭如鐵鏟，一頭如月牙，如戲劇中魯智深、沙僧等人所用。那只可叫做「方便鏟」、「月牙鏟」，非正規之禪杖也。

（三）

南亞次大陸原始佛教時期，僧眾的日常行事，除了出外乞食外，就是每日各自進行修行。修行的方法有兩項：一是學習教理，二是修習禪定。學習教理是聽佛或法師說法，或互相討論；修習禪定是趺坐，或是經行（在林間或塔下來往徘徊）。後來，寺院中有了佛像，經典記錄成文字，於是有禮拜供養和讀誦經典的行儀。佛教傳入中國以後，最初也只是弟子各自隨師修行，沒有統一的日常行事。東晉時，道安居住襄陽，有弟子數百，於是制定僧尼軌範。當時天下寺院普遍遵行，其具體條文今已失傳。近代漢地寺院通行的日常課誦，是明末逐漸統一起來的。

大致地說，每日僧眾的共同宗教活動，就是「朝暮課誦」，俗稱「早殿」和「晚殿」，即早晚一起到大殿或法堂讀誦經文並拜佛。早殿有兩項主要內容，晚殿三項。每一項都叫「一堂功課」，如學校上一節某種課程一般。俗稱「五堂功課」、「兩遍殿」。分述如下：

1、早課：全寺僧眾於每日清晨丑時寅時之間，即天亮前後，齊集大殿，念誦兩堂功課。

念誦《大佛頂首楞嚴神咒》為一堂功課。此咒甚長，凡四百二十七句，二千六百二十字。據說有息災的功用。

念誦《大悲咒》、《十小咒》、《般若波羅蜜多心經》為一堂功課。目的是以念誦經咒的功德，回向護法的天龍八部等眾鬼神，祈願寺中安靜無事。回向亦作「轉向」、「施向」，意思是把自己

破曉以前，僧眾齊集大殿，開始新一天的功課。

所修的功德轉施給某處。依轉施的內容，有多種回向。如，把所修功德施向眾生，稱為「眾生回向」、「回施眾生」等。「功德」也是佛教名詞。「功」，指行善事；「德」，指得福得善報。修功德，一般指念佛、誦經、佈施、行善（如放生）等事。

事忙時可以只念後一堂。有的寺院在平時只念一堂功課，在節日念兩堂功課。

2、晚課：日暮後不久，大約當晚七至八時左右。念誦三堂功課。誦《阿彌陀經》和念佛名為一堂功課。這是為自己往生西方淨土祈願。禮拜八十八佛和誦《禮佛大懺悔文》為又一堂功課。八十八佛是五十三佛加三十五佛。五十三佛名見《觀藥王藥上二菩薩經》，是娑婆世界的過去佛。三十五佛名出《決定毗尼經》，是現在十方世界的佛。這八十八佛都可以為眾生做懺悔主，因此向八十八佛申述自己改悔過惡的願望。《大懺悔文》也出於《決定毗尼經》。「懺悔」，作為一個佛教名詞，「懺」是梵文「懺摩」音譯之略，「悔」是它的意譯，合稱「懺悔」。原為對人發露自己的過錯、求容忍寬恕之意。這一詞漢梵結合後，按漢化佛教的解釋，「懺」表消除以往的宿孽，「悔」則意味着不造未來的新愆。按古代規定，誦懺悔課文須行一百零八禮，近現代則多跪誦

按叢林清規，僧眾用膳，不得發出聲響，更不許交談。
添飯由來回走動的「行堂師」負責。

而不禮拜矣。

放蒙山施食是最後一堂功課。蒙山施食，是於每日中午的齋食中取出少許飯粒，到晚間按照《蒙山施食儀》念誦，施給餓鬼。蒙山在四川雅安縣。相傳甘露法師在蒙山集成此儀，故名。其設想是在諷誦和懺悔之後惠及幽冥。

晚殿的三堂功課，在一般寺院中，是單日念《阿彌陀經》和念佛；雙日拜八十八佛和念《大懺悔文》；蒙山施食卻是每日要舉行的。除了早晚二殿外，僧眾於每日早齋和午齋（早餐和午餐）時，要依《二時臨齋儀》，以所食供養諸佛菩薩，為施主回向，為眾生發願，然後方可進食。至於晚餐，因為佛原制定過午不得進食之制，漢化佛教僧人多參加勞動，因保健需要和習慣不得不吃，但係「藥食」，所以不須念供。

除此以外，一天之內，從早覺（醒來）、聞鐘、着衣、下榻，到登廁、洗手、淨面、飲水、漱口，直至睡眠，都有各種咒語，隨時默誦。但一般僧人能嚴格執行的不多。茲舉幾種咒語為例：

聞鐘：聞鐘聲，煩惱輕；智慧長，菩提生；離地獄，出火坑；願成佛，度眾生。（下面梵文咒語從略，後同此）

着衣：若着上衣，當願眾生：獲勝善根，至法彼岸。着下裙時，當願眾生：服諸善根，具足慚愧。整衣束帶，當願眾生：檢束善根，不令散失。

漢化佛教僧人執行「農禪」制度。外出參加農業林業勞動稱為「出坡」。需要全寺僧眾參加時則進行「普請」，出牌告示。

南亞次大陸僧人不勞動，化緣為食，至今如此。因此，施主給甚麼就吃甚麼，不拒絕肉食。除個別的獸肉如「獅肉」等外，甚麼都可以吃。比丘戒律中並沒有不許吃肉的規定。中國大乘經典中有反對肉食的條文，漢化佛教僧人是信奉大乘佛教的，他們除受比丘戒外，並且受菩薩戒，所以漢化佛教僧人乃至很多居士都不吃肉。從歷史來看，漢化佛教吃素的風習，是由梁武帝的提倡而普遍起來的，為大多數僧人和在家二眾所嚴格遵守。這是合乎佛家慈悲和不傷生命的本懷的。既然信奉佛教，就應潔持，吃素總比吃肉的要求要嚴格，而且顯得更虔誠。在這一點上，藏傳和南傳佛教僧人對漢化佛教吃素的習慣都是極為讚嘆的。至於「吃葷」的「葷」字，是專指大蒜、葱這些氣味濃烈、富於刺激的東西，是大小乘戒律所同遮禁、南北佛教徒所共同遵守的。把「吃葷」和「吃肉」混同起來，那是一種錯誤的認識。

（四）

依據戒律，僧眾應當於每月望晦（農曆十五、三十或小月月盡日）兩日齊集一處，共誦《戒本》，自我檢查有無違犯戒律之事。如有違犯，便應按照情節輕重，依法懺悔。這一行事叫做「布薩」，是梵文的音譯，意譯為「淨住」、「善宿」、「長養」、「斷增長」，漢化寺院中習稱為「說戒」、「誦戒」。在家居士等，於每月的六齋日（陰曆初八、十四、十五、二十三、二十九、三十）實行八戒；或赴寺院進行「八關齋戒」，也算一種布薩。

一年之中，漢化佛教僧人有兩次「安居」。

安居，梵文的意譯，南亞次大陸有三個月雨季，約在五月至八月之間。這段時間外出不易，據說釋尊就禁止僧尼外出，說外出易傷草木小蟲，應在寺內坐禪修學，接受供養。這段時期稱為「安居期」。漢化佛教也採用這種做法，把安居期定在陰曆四月十六至七月十五。南亞、東南亞各國稱為「雨安居」，漢化佛教稱為「夏安居」，或簡稱「夏坐」、「坐夏」。如因事延緩，不及定居，最遲也應在五月十五定居下來，這叫做「後安居」。安居日滿，即七月十五，僧眾集合一堂，任憑他人對自己檢舉一切所犯輕重不如法事，從而懺悔。這叫做「自恣」。「自恣」是梵文的意譯，亦譯「隨意」。內涵是：舉行檢舉懺悔集會，請別人盡情（恣）揭發自己的過失，自己進行懺悔；同時也隨別人的意願，盡情檢舉其過。漢化佛教把陰曆七月十五定為「僧自恣日」。因為這樣做佛會喜歡，以此又名「佛歡喜日」。經過自恣之後，受戒的年齡算作增長一歲或是一臘。這是計算戒臘的日期，所以坐夏也叫做坐臘。因而七月十五也稱「僧受歲日」。

七月十五又是「盂蘭盆節」，要舉行「盂蘭盆會」。「盂蘭盆」，梵文的音譯，意思是「救倒懸」。這是根據西晉竺法護譯的《佛說盂蘭盆經》而舉行超薦歷代祖先的佛事。據該經說：目連（佛弟子中神通第一）的母親死後生為餓鬼，在地獄受苦，如處倒懸。目連盡自己的神通不能救濟其母，乃求佛救度。佛告以要在每年七月十五僧自恣時，以百味飲食供養十方自恣僧。以此功德，七世父母及現生父母在厄難中者，得以解脫。佛教據此傳說而設此會。在漢化佛教中，最初舉行此儀的是梁武帝，大同四年（五三八）他在同泰寺設盂蘭盆齋。其後，民間普遍舉行。到了唐代，每年皇家送盆到各官寺，獻供種種雜物，並有音樂儀仗及送盆官人隨行。民間施主也到各寺獻供獻盆及種種雜物。到了宋代，便不是以盆供僧，為先亡得度，而是以盆施鬼。寺僧又於是日募施主錢米，為之薦亡。後世更有放河燈、焚法船之舉（用紙糊船形，船上糊有鬼卒等）。這些都是民間習俗。

南亞次大陸處於亞熱帶，冬季不明顯，除雨安居外，僧人在旱季可到處雲遊。中國情形則不同，冬季嚴寒，行旅不便。所以，漢化佛教仿照雨安居的辦法，每年從陰曆十月十五日到次年正月十五日的九旬期間，在叢林中也結制安居，稱為「冬安居」或「結冬」。清代以來，曾有只結冬不結夏的反常現象，現經糾正，實行「冬參夏講」，即冬坐禪，夏講經學律。

（五）

寺院中的重要佛事，以燄口施食最常舉行。齋天和放生也是常事。最盛大的，則是水陸法會。

燄口是密宗的一種行儀。「燄口」是餓鬼之王，又譯作「面然」。據説其形枯瘦，咽細如針，口吐火焰。據説，阿難正在靜室中修習禪定，忽見燄口鬼王來對他説：「你三日後命盡，生在餓鬼中，和我一樣，如要免苦，須於明日普施鬼神，以摩揭陀國所用之斛各施給來的鬼神一斛飲食。」阿難問佛，佛為説施食的方法。這種方法就是密宗傳下來的專對餓鬼施食的經咒和念誦儀軌。近現代放燄口，多據明代天機禪師所訂《天機燄口》或清初寶華山德基大師所訂《華山燄口》的內容施行。一般在黃昏或夜間舉行，以飲食供鬼神，最後在念誦聲中拋撒食物，「諸仙致食於流水，鬼致食於淨地」。現代放燄口，常與喪事中追薦亡魂結合在一起，又在重大法會圓滿之日舉行，不作為一種單獨舉行的法事來辦了。

齋天是每年陰曆正月初一供諸天的歲朝佛事，在寺院中由僧眾自己舉行。

放生，可於日常行之，也可在佛誕日開放生會。各大寺多有放生池，仿西方淨土七寶蓮池之意，栽蓮花。此種蓮池形式多因地制宜，方圓不一，大小不等。俗客多認為寺中金魚池，其實非也。

水陸法會又名「水陸道場」、「水陸齋」。水陸之義，因此會以供飲食為主，為超度水陸一切亡魂而設，故名。又有一說，說是所供飲食，供仙人等高級人物者最後置於流水，給鬼魂的則拋撒於陸地，故名。相傳始於梁武帝，只是一種託古之辭。這種會恐怕是北宋時才盛行起來的。主要內容是誦經設齋，禮佛拜懺，追

眾法師正為一信士施放瑜伽燄口，超薦祖先。

薦一切亡靈。特點是：

時間長，少則七天，多則四十九天。至少也得用三天緊趕着才能完成。

規模大，參加法事的僧人起碼要在七八十人左右，不然開不起來。而且人愈多愈好，上千人更熱鬧。

法事全，凡佛教各種常見法事無不包括在內。還要懸掛一堂起碼一百二十幅（多則可有兩百多幅）「水陸畫」以供禮拜之用。掛此種畫，一則需要寬敞的大殿才能安設得下；二則非大寺夙備者莫辦。因此，辦一堂正

主持水陸道場各壇口法師，繞寺一周，手執楊枝淨瓶，四處灑淨。

規的水陸法會很不容易。

現將水陸道場的內容與儀式，按七天道場略作介紹：

道場分內壇和外壇。內壇以活動為主，頗為熱鬧。一般俗客常看的也是內壇。內壇活動主要有：灑淨，結界，遣使發符，請上堂，請下堂，供上堂，供下堂，奉浴，受戒，施食，送聖，放燄口。

按程序，第一天三更對外壇（念經的壇，下面詳述）進行「灑淨」，就是用「法水」遍灑戒壇並誦咒，這樣，戒壇就成為「淨土」了。四更內壇「結界」，即誦經咒，施法力，使內外壇均與外界塵俗隔絕，以便開道場法會時不受外界干擾。五更「遣使」，即派遣「鬼使神差」，「發符」上呈佛、菩薩、天神（包括佛教諸天和道教的幾乎全部神與仙），下召六道眾生，請大家都來赴會。這時，在大殿左前方樹長幡，幡上常寫的是「修建法界聖凡水陸普度大齋勝會功德寶幡」，作為大會標幟。

第二天四更請上堂。上堂是能施法力超度眾生的諸佛、菩薩、羅漢、明王、諸天、天龍八部、道教諸神群仙等。請的辦法，是在念誦聲中，恭恭敬敬地把繪有這些人物形象的一批水陸畫畫軸懸掛起來，並上香。五更「奉浴」，即安排浴盆香水（多為象徵性的中式小型澡盆內盛香味水），備請來的上堂諸位沐浴，以便齋戒。

第三天四更供上堂。意思是請上堂諸位正式臨壇開會。在畫軸下安放名號牌位，軸下安放供桌，桌上擺好應設的燈燭、香花、時果、佳餚、點心等。最大的正中的供桌上懸掛的是毘盧遮那佛（居中）、釋迦牟尼佛（左）、阿彌陀佛（右）三位的圖像。這顯然是密宗的安排法遺傳。在正中供桌前安置四個法台，台上置法器如磬、鈸、鈴等，並置經典以備用。這四台是給此會的四位主持人主法、正表、副表、齋主用的。前三位相當大會主席和正副秘書長，第四位是出錢辦這次法會的代表人物（法會常由多人集資，齋主是從中推出的代表，或外請高級人士或僧人充任）。供完上堂後，五更「請赦」，即請神佛大發慈悲，批准這次超薦。到了午時，大齋群僧。外來的雲水僧趕上也算一份。

第四天三更，請下堂，即是把居住在地面水中的神靈（如河海龍神、冥官及其眷屬）和待超薦的六道眾生請來。四更奉浴，五更說戒，即說明此會遵守的戒條。請來的畫軸也不少。按規定，上堂畫軸用黃綾鑲邊裝裱，下堂的則用紅綾。一看邊就知道上下堂。

第五天四更，僧眾合誦《信心銘》。五更供下堂。午時齋僧。

第六天四更，主法親祝下堂。午前放生。

第七天最熱鬧，五更普供上下堂，午時齋僧，未時迎上下堂到外壇，申時「送聖」，即將應燒送的文告符牒一律焚燒，請來的上下堂諸位以禮送行。至此法會結束。

在這七天中，每夜放餤口一台。第六夜放的是最大的一台「五方餤口」，即針對東西南北四方和地下幽冥的餤口（上方是超薦別人的，用不着超薦天上神佛），乃是全方位總體無所不包的餤口，全體僧眾一律參加，煞是壯觀，乃水陸道場之熱鬧高潮也。

外壇是念經的壇場，並不熱鬧，俗人常不注意。實際上，那裏才是在真正地念佛誦經。不過，在法會上也就起烘托氣氛的作用而已。

外壇共六個壇場，列舉如下：

大壇：用二十四個僧眾，禮拜《梁皇寶懺》。這是一部講懺法的書，相傳為梁武帝所撰，故名。又有人說是梁代寶志、寶唱等和尚所撰。現行本十卷，實為元代人修訂改正本，是漢化佛教流傳最久的一部懺法。懺法是悔除罪過以便積極修行的一種佛教儀式。

諸經壇：用七位僧人，諷誦諸經。

法華壇：用七位僧人，誦《妙法蓮華經》。

淨土壇：用七位僧人，誦阿彌陀佛名號。

華嚴壇：用兩位僧人，閱《大方廣佛華嚴經》。

瑜伽壇（施食壇）：僅供夜間放燄口時使用。人員由各壇臨時調用。

另有監壇一名，指揮內外壇一切事宜，執行現場調度。名額則在外壇內，外壇共四十八名。

下面再說七眾念佛時必備的念珠。它是梵文的意譯，亦稱「佛珠」、「數珠」，音譯「鉢塞莫」。它是念佛號或經咒時用以計數的工具，一般是圓形穿孔，用線紮成一串。關於數珠，有幾點得說一說。

首先是一串數珠的顆數。一般是九種，如下表所示。其中以百八顆的一種為根本，常用者為此種。至於各種表示的內涵，一言難罄，一般讀者不必深求，有個大致了解就行了。

其次，一串數珠中常加入一顆大型「金珠」，作為「母珠」；再加十顆「銀珠」，是為「記子」。「母珠」表無量壽佛（即阿彌陀佛）之存在，「記子」表「十波羅蜜」。這是淨土宗用來記念佛遍數的記號之數珠。密宗則誦真言，以七遍或二十一遍為常規。密宗的數珠，就在每七顆或二十一顆後插入不同種的或同種而略小的四顆，稱為「四天珠」，也是當記子用。一般廟裏賣的數珠，常依淨土宗規制而略減。通常數珠為黑色或褐色，中加一顆黃色或紅色大珠作「金珠」，再加幾個（常不到十個，若干個充充數）淺黃色或白色小珠充「銀珠」就算了。

念珠數目	內涵
一零八零	十界各有百八，成一千八十
一零八	百八煩惱或百八尊、百八三昧
五四	修生五十四位
四二	往行向地等妙之四十二位
二七	二十七賢聖
二一	本有十地、修生十地及佛果
十四	十四忍
三六	三分百八為三十六
十八	六分百八為十八

再次，說說數珠的質料。據說，持不同質料的數珠念經，所獲功德不一樣。質料好，功德成倍增長。至於何種質料的數珠得多少倍的功德，各經所說不同，今舉《數珠功德經》中所述為例，不可執着。

質料	**功德倍數**
鐵	五倍
赤銅	十倍
真珠、珊瑚	百倍
木槵子	千倍
蓮子	萬倍
帝釋青子	百萬倍
水精	百億倍
金剛子	千億倍
菩提子	無數倍

補充解釋幾句：

木槵子是梵文的意譯，音譯「阿梨色迦紫」。木槵是一種「無患」之樹，為眾鬼所畏。它的果實木槵子亦具降大力鬼神之力。

帝釋青子是梵文的意譯，音譯「因陀羅尼羅迦叉」。又名「天青珠」。據說是帝釋天所居處一種寶樹所生的寶珠子。

金剛子是傳說中的金剛樹（又名天目樹）的果實。據說像桃核，大小似櫻桃，紫色。

菩提子，指菩提樹之果實，圓形，上有一個圈和許多小點，稱「星月菩提」。在中國只產於廣東一帶，且係自南亞次大陸引進，故內地常用一年生草本植物「川谷」的果實以代之，它圓而色白，亦名之為菩提子。西藏另有一種藏語對音叫Bodi-ci 的果實，產於雪山，亦可作數珠，譯名也叫菩提子。

實際上，寺院內外常賣的念珠多為木質車成圓形鑽孔而成，也有玻璃質的。佛經中所說，只不過是一種理想而已。

天地博雅文叢

經典常談　朱自清 著
新編《千家詩》　田奕 編
邊城　沈從文 著
孔子的故事　李長之 著
啓功談金石書畫　啓功 著　趙仁珪 編
沈尹默談書法　沈尹默 著
詞學十講　龍榆生 著
詩詞格律概要　王力 著
唐宋詞欣賞　夏承燾 著
古代漢語常識　王力 著
梁思成建築隨筆　梁思成 著　林洙 編
簡易哲學綱要　蔡元培 著
唐宋詞啟蒙　李霽野 著
唐人絕句啟蒙　李霽野 著
唐詩縱橫談　周勛初 著
佛教基本知識　周叔迦 著
佛教常識答問　趙樸初 著
漢化佛教與佛寺　白化文 著
沈從文散文選　沈從文 著

天地
www.cosmosbooks.com.hk

書　　名　漢化佛教與佛寺
作　　者　白化文
編輯委員會　梅　子　曾協泰　孫立川
陳儉雯　林苑鶯
責任編輯　宋寶欣
美術編輯　郭志民
出　　版　天地圖書有限公司
香港皇后大道東109-115號
智群商業中心15字樓（總寫字樓）
電話：2528 3671　傳真：2865 2609
香港灣仔莊士敦道30號地庫／1樓（門市部）
電話：2865 0708　傳真：2861 1541
印　　刷　美雅印刷製本有限公司
香港九龍官塘榮業街 6 號海濱工業大廈4字樓A室
電話：2342 0109　傳真：2790 3614
發　　行　香港聯合書刊物流有限公司
香港新界大埔汀麗路36號中華商務印刷大廈3字樓
電話：2150 2100　傳真：2407 3062
出版日期　2019年12月／初版

ISBN ： 978-988-8547-77-7